Gerik und Tami Chirlek

Excel 2016 . Probleme und Lösungen

Band 3

Gerik und Tami Chirlek

Excel 2016

Probleme und Lösungen

- Band 3 -

Formeln und Funktionen

---

gerik CHIRLEK
2016

Bibliografische Information der Deutschen Nationalbibliothek
Die Deutsche Nationalbibliothek verzeichnet diese Publikation in der Deutschen Nationalbibliografie; detaillierte bibliografische Daten sind im Internet über www.dnb.de abrufbar.

IMPRESSUM

Herstellung und Verlag: BoD - Books on Demand, Norderstedt
ISBN: 978-3-7412-6561-7

Inhaltsverzeichnis

Vorwort

Mit dem vorliegenden Buch der Reihe 'Probleme und Lösungen' erhalten Sie ein kleines Nachschlagewerk für den Umgang mit Microsoft® Excel. Es wurde so aufgebaut, dass bereits geringste Kenntnisse der Oberfläche von Microsoft® Windows® und Microsoft® Excel genügen, um aus den beschriebenen Lösungsansätzen in Kürze Antworten zu einem vorhandenen Problem zu finden.

Da oft diverse Wege zum gleichen Ziel führen (bspw. Funktion 'Kopieren') haben wir uns mehrheitlich auf eine Möglichkeit beschränkt. Sicherlich werden Sie im Umgang mit der Software noch weitere Erfolg bringende Wege entdecken.

Wir wünschen Ihnen, dass Sie mit diesem Buch eine kleine Unterstützung für Ihren Alltag finden. Viel Spaß beim Studieren und Ausprobieren.

Köln, im August 2016

Gerik und Tami Chirlek

Wichtiger Hinweis
Das Buch wurde mit der Softwarekombination Microsoft® Windows 7 und Microsoft® Office 365 erstellt.
Bei der Zusammenstellung der Informationen wurde mit größter Sorgfalt vorgegangen. Der Verlag wie der Autor können für dennoch aufgetretene fehlerhafte Angaben und deren Folgen weder juristische Verantwortung noch irgendeine Haftung übernehmen. Verbesserungsvorschläge und Hinweise auf Fehler werden dankend entgegengenommen.
Microsoft® Excel und Microsoft® Windows® sind eingetragene Marken oder Marken der Microsoft Corporation in den USA und / oder anderen Ländern.

1 Einleitung

Microsoft® Excel ist ein Tabellenkalkulationsprogramm.

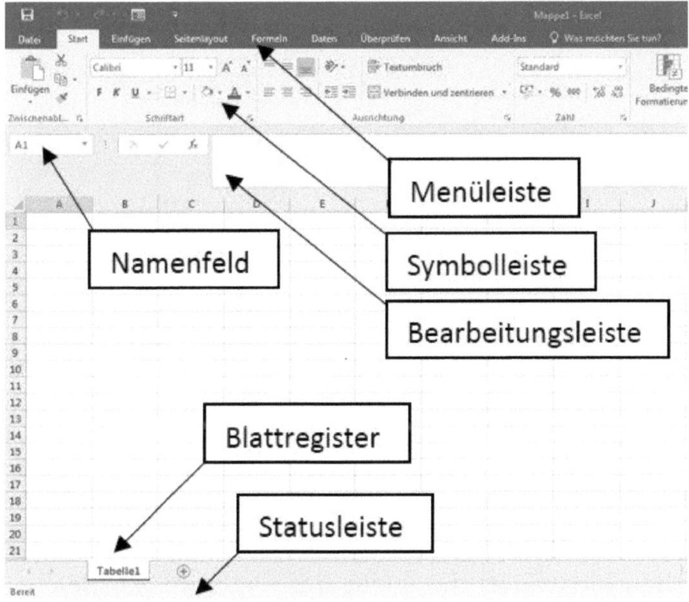

Abb. 1: Übersicht Excel 2016

Ein Tabellenblatt von Excel verfügt über 16.384 Spalten und 1.048.576 Zeilen.

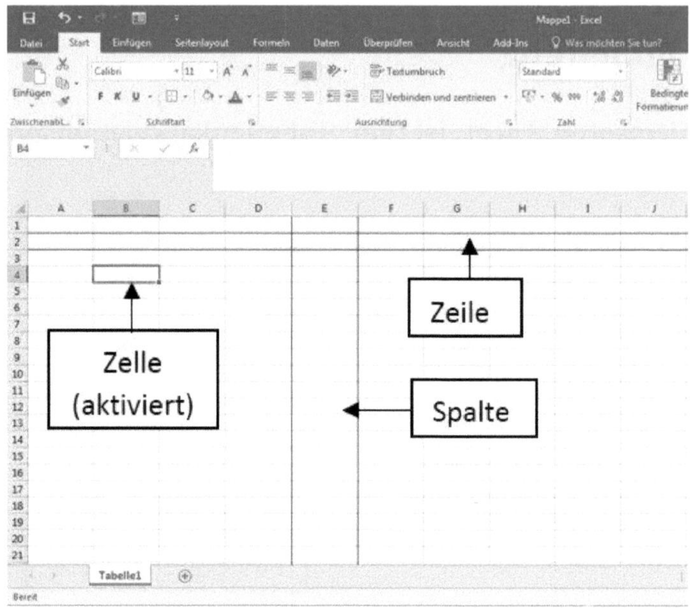

Abb. 2: Übersicht Excel 2016

Die zu Grunde liegende kleinste gemeinsame Einheit ist eine eindeutig definierte Zelle. Dadurch entsteht eine Adressierbarkeit, das heißt der Ort zum Abspeichern von Daten kann genau benannt werden. So bezeichnet die Zelle A1 immer die erste Spalte (A) und davon die erste Zeile (1).

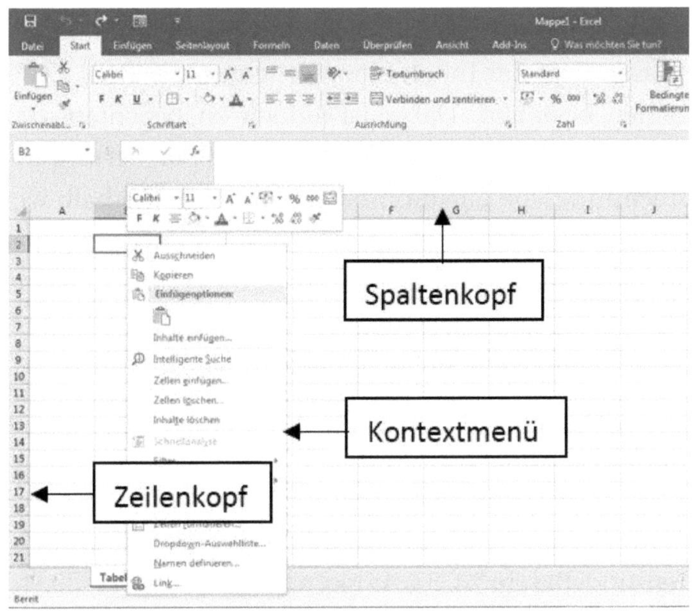

Abb. 3: Übersicht Excel 2016

Jede Zelle kann verschiedene Inhalte haben:

- Text (ist eine Abbildung von Zeichen und wird links ausgerichtet)
- Wert (ist ein numerischer Ausdruck, d. h. berechenbare Zahl und wird rechts ausgerichtet)
- Formel (ist eine Berechnung und beginnt am Anfang mit '=')

Auch wenn die maximale Spaltenbreite nur 255 Zeichen umfasst, darf der Inhalt einer Zelle aus maximal 32.767 Zeichen bestehen. Dabei ist jedoch zu beachten, dass Excel der IEEE 754-Spezifikation zur Speicherung und Berechnung von Gleitkommazahlen folgt. Deshalb werden nur 15 signifikante Ziffern in einer Zahl gespeichert und folgende Ziffern in Nullen geändert. Zur Darstellung müsste dann das Textformat genutzt oder Leerzeichen an beliebigen Stellen eingefügt werden.

Weitere Spezifikationen können folgender Internetseite entnommen werden:

https://support.office.com/de-de/article/Spezifikationen-und-Beschr%C3%A4nkungen-in-Excel-1672b34d-7043-467e-8e27-269d656771c3

Abschließend sei noch darauf verwiesen, dass im Umgang mit Excel nicht nur Eingaben in Zellen möglich sind, sondern auch in Dialogfenstern erforderlich sein können.

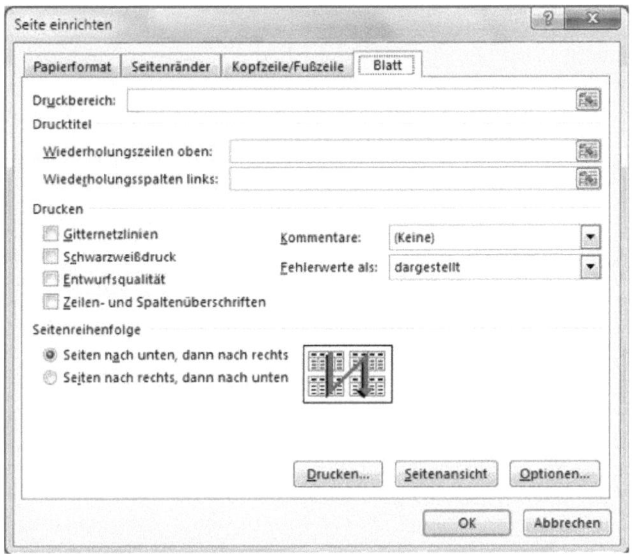

Abb. 4: Dialogfenster

Ein Dialogfenster ist meist selbsterklärend. Es enthält oft Eingabe- und Auswahlfelder, darüber hinaus Checkboxen und Optionsfelder.

Checkbox	aktiviert	☑ oder ☒
	deaktiviert	☐
Optionsfeld	ausgewählt	⊙
	nicht ausgewählt	○

Abb. 5: Dialogfenster / Details

Mehr bedarf es an dieser Stelle nicht, um sich die Welt der Excel-Tabellenkalkulation zu erschließen.

2 Formeln und Funktionen

2.1 Allgemeines

Mit einem Mausklick (links) in die Ergebnis-Zelle erscheint in der Bearbeitungsleiste die zugehörige Formel.
Mit einem Doppelmausklick (links) in die Ergebnis-Zelle wird die zugehörige Formel unter Kennzeichnung der betreffenden Zellen direkt in der Zelle angezeigt. Bei neueren Excel-Versionen werden die betreffenden Zellen farblich kenntlich gemacht, aus denen die Werte zur Berechnung herangezogen wurden.
Mittels Drücken der Taste [Enter] wird die Anzeige wieder aufgehoben.
Sofern es sich um eine Arrayformel (Formel mit geschweifter Klammer) handelt, wird bei einem Doppelmausklick (links) in die Ergebnis-Zelle die geschweifte Klammer automatisch entfernt.
Deshalb muss zum Aufheben der Anzeige die Tastenkombination [Strg] + [Shift] + [Enter] gedrückt werden.

2.1.1 Funktionsassistent

Ab Version Excel XP werden die Argumente für eine Funktion als QuickInfo angezeigt.

Tipp 1: Den Funktionsassistenten nutzen

Der Funktionsassistent selbst kann mit nachstehenden Schritten aufgerufen werden:

1. Mausklick (links) in eine freie Zelle, z. B. '*B1*'.
2. In der Menüleiste auswählen: '*Formeln*' → '*Funktion einfügen*'.
3. Im Feld '*Funktion suchen*' Eingabe der gewünschten Funktion, z. B. '*Verweis*'.
4. Mausklick (links) auf die Schaltfläche '*OK*'.
5. Mausklick (links) auf die gewünschte Funktion.
6. Mausklick (links) auf die Schaltfläche '*OK*'.
7. Falls mehrere Syntaxversionen vorliegen, mittels Mausklick (links) die gewünschte auswählen und Mausklick (links) auf die Schaltfläche '*OK*'.
8. Eingabe der Argumente und Mausklick (links) auf die Schaltfläche '*OK*'.

Tipp 2: Ergänzen der Argumente

1. Eingabe der Funktion mit geöffneter Klammer, z. B. =Summewenn(
2. Die Tastenkombination [Strg] + [Shift] + [A] drücken. *Die Argumente werden ergänzt.*

Tipp 3: Starten des Funktionsassistenten

1. Eingabe der Funktion mit geöffneter Klammer, z. B. =Summewenn(
2. Die Tastenkombination [Strg] + [A] drücken.

Der Funktionsassistent wird mit der eingegebenen Formel gestartet.

2.1.2 Kopieren einer Formel

Mit nachstehenden Schritten können gleiche Formeln für lange Zahlenkolonne eingeben werden:

Variante 1: Eingabe mittels Ziehen am Ausfüllkästchen

1. Mausklick (links) in die erste Zelle, in welcher die Formel einzugeben ist.
2. Eingabe der Formel.
3. Mausklick (links) auf das grüne Häkchen in der Bearbeitungsleiste.
4. Mausklick (links) auf die Zelle mit der eingegebenen Formel.
5. Mausklick (links) auf die untere rechte Zellecke (Mauszeiger wird als Kreuz dargestellt) und mit gedrückter linker Maustaste die Formel nach unten, oben, links oder rechts weiterziehen.

Die Formel wird automatisch in die andere Zelle übertragen und an die neue Position entsprechend angepasst.

Variante 2: Eingabe mittels Doppelmausklick auf das Ausfüllkästchen

1. Mausklick (links) in die erste Zelle, in welcher die Formel einzugeben ist.
2. Eingabe der Formel.
3. Doppelmausklick (links) auf das Ausfüllkästchen in der unteren rechten Zellecke.

Die Formel wird jetzt so lange nach unten fortgeschrieben und an die veränderte Position angepasst wie in der links angrenzenden Spalte Einträge vorhanden sind.

2.1.3 Arrayformel (Matrixformel)

Eine Arrayformel (Formel mit geschweifter Klammer) kann wie folgt eingegeben werden:

1. Eingabe der kompletten Formel (ohne geschweifte Klammer).
2. Die Tastenkombination [Strg] + [Shift] + [Enter] drücken.

2.1.4 Wechsel zwischen Formel und Ergebnis

Bei einer aktivierten Ergebnis-Zelle wird die Formel in der Bearbeitungszeile angezeigt. Mit nachstehenden Schritten kann die Formel auch innerhalb der Excel-Tabelle angezeigt werden.

Variante 1:

1. Das betreffende Tabellenblatt öffnen.
2. In der Menüleiste auswählen:
   '*Datei*' → '*Optionen*'.
3. Mausklick (links) auf: '*Erweitert*'.
4. Im Abschnitt '*Optionen für dieses Arbeitsblatt anzeigen*' die Option '*Anstelle der berechneten Werte Formeln in Zellen anzeigen*' aktivieren.
5. Mausklick (links) auf die Schaltfläche '*OK*'.

Variante 2:

1. Aktivieren der betreffenden Ergebnis-Zelle.
2. Taste [F2] drücken.

2.1.5 Formeln drucken

Falls keine Formeln im Tabellenblatt angezeigt werden:

1. Das betreffende Tabellenblatt öffnen.
2. In der Menüleiste auswählen:
   '*Datei*' → '*Optionen*'.
3. Mausklick (links) auf: '*Erweitert*'.
4. Im Abschnitt '*Optionen für dieses Arbeitsblatt anzeigen*' die Option '*Anstelle der berechneten Werte Formeln in Zellen anzeigen*' aktivieren.
5. Mausklick (links) auf die Schaltfläche '*OK*'. *Damit werden die Formeln im Tabellenblatt angezeigt.*
6. In der Menüleiste auswählen:
   '*Datei*' → '*Drucken*'.
7. Im Feld '*Drucker*' Auswahl des Druckers.
8. Mausklick (links) auf die Schaltfläche '*Drucken*'.

2.1.6 Zellbezüge absolut / gemischt / relativ

Relative Bezüge

Relative Bezüge werden von Excel beim Kopieren / Verschieben einer Formel an die neue Position angepasst.

Beispiel: aus =A1+5 kann werden =A2+5

Absolute Bezüge

Absolute Bezüge (Zeile und Spalte der Zelle werden in Dollarzeichen gesetzt) orientieren sich an einer bestimmten Zelle und werden nicht automatisch angepasst.

Beispiel: =$A$1+5 bleibt =$A$1+5

Variante 1: Absolute Bezüge mittels direkte Eingabe

1. Eingabe des Zellbezuges mit $, z. B. $A$1

Variante 2: Absolute Bezüge mittels Namenvergabe in Eingabezeile

1. Mausklick (links) in die betreffende Zelle.
2. Mausklick (links) in das Namenfeld.
3. Einen beliebigen Namen eingeben, z. B. '*Test*'.
4. Taste [Enter] drücken.

   Nun kann bei der Eingabe einer Formel alternativ zu einer Zellenangabe der vergebene Name verwendet werden, z. B. =Test+5.

Variante 3: Absolute Bezüge mittels Namenvergabe in der Menüleiste

1. Mausklick (links) in die betreffende Zelle.
2. In der Menüleiste auswählen: '*Formeln*' → '*Namen definieren*'.
3. Im Feld '*Name*' Eingabe eines beliebigen Namens.
4. Im Feld '*Bezieht sich auf*' wurde die Zellangabe automatisch übernommen, z. B. =Tabelle3!$A$2. Ggf. sind Anpassungen vorzunehmen.
5. Mausklick (links) auf die Schaltfläche '*OK*'.

   Nun kann bei der Eingabe einer Formel alternativ zu einer Zellenangabe der vergebene Name verwendet werden, z. B. =Test1+5.

Gemischte Bezüge

Bei gemischten Bezügen wird nur ein Teil absolut gesetzt, der andere würde an die neue Position angepasst werden.

Beispiel: Spalte absolut / Zeile relativ

aus =$A1+5 kann werden =$A2+5

Beispiel: Spalte relativ / Zeile absolut

aus =A$1+5 kann werden =B$1+5

Wechsel der Zellbezüge absolut / gemischt / relativ

1. Die betreffende Zelle markieren.
2. Mausklick (links) in die Bearbeitungszeile hinter den Bezug, der geändert werden soll.
3. Taste [F4] drücken:

   - 1 x [F4] = Spalte absolut / Zeile absolut
   - 2 x [F4] = Spalte relativ / Zeile absolut
   - 3 x [F4] = Spalte absolut / Zeile relativ
   - 4 x [F4] = Spalte relativ / Zeile relativ

2.1.7 Grundsätzlicher Bezug

=INDIREKT( )

Sofern sich Formeln bspw. grundsätzlich auf die Zelle 'A1' beziehen sollen, kann mit der Funktion =INDIREKT( ) gearbeitet werden.

Eingabe der Formel:
z. B. =INDIREKT("A1")+B1
statt =A1+B1

Beispiel: Formel =A1+B1

Beim Kopieren der Formel mittels Mausklick (links) und Ziehen auf die auszufüllenden Zellen, passt sich die Formel automatisch an die Zellen an.

	A	B	Formel in C	Ergebnis
1	10	15	=A1+B1	25
2	20	25	=A2+B2	45
3	30	35	=A3+B3	65

<u>Beispiel</u>: Formel =INDIREKT("A1")+B1

Beim Kopieren der Formel mittels Mausklick (links) und Ziehen auf die auszufüllenden Zellen, passt sich die Formel nur an die Zellen, die nicht in der Klammer enthalten sind, automatisch an.

	A	B	Formel in C	Ergebnis
1	10	15	=INDIREKT("A1")+B1	25
2	20	25	=INDIREKT("A1")+B2	45
3	30	35	=INDIREKT("A1")+B2	65

2.1.8 Formelteile ändern

Mit nachstehenden Schritten kann nach Teilstücken von Formeln gesucht und diese geändert werden.

1. In der Menüleiste auswählen: '*Start*' → '*Suchen und Auswählen*' → '*Ersetzen...*'.
2. In dem sich öffnenden Dialogfenster im Feld '*Suchen nach*' Eingabe des zu suchenden Formelteils, z. B. die Zelle '*A1*'.
3. Im Feld '*Ersetzen durch*' Eingabe der Zelle, die statt der gesuchten Zelle innerhalb der Formel verwendet werden soll, z. B. '*B1*'.
4. Mausklick (links) auf die Schaltfläche '*Weitersuchen*'. *Es wird jeweils das nächstgelegene Teilstück markiert, in dem die Zelle 'A1' vorhanden ist.*
5. Bei Erreichen des zu ändernden Teilstücks: Mausklick (links) auf die Schaltfläche '*Ersetzen*'.
6. Mausklick (links) auf die Schaltfläche '*Schließen*'.

2.1.9 Formeln durch Festwerte ersetzen

1. Markieren des Bereiches, in welchem die Formeln durch Festwerte ersetzt werden sollen.
2. Mausklick (rechts) auf den rechten Rand des Bereiches und bei gedrückter Maustaste eine Spalte nach links und anschließend auf die alte Position zurückziehen.
   Es öffnet sich das Kontextmenü.
3. Mausklick (links) auf den Eintrag '*Hierhin nur als Werte kopieren*'.

2.1.10 Berechnungen

In Excel sind die Eingabe und die Darstellung von Zahlen zu unterscheiden. So gibt es bspw. die Möglichkeit, eine Zahl mit mehreren Nachkommastellen einzugeben, sich jedoch die Zahl mit nur zwei Nachkommastellen anzeigen zu lassen. Damit bei einer Berechnung lediglich die Zahl mit den angezeigten Nachkommastellen herangezogen wird, kann wie folgt vorgegangen werden.

1. Markieren der betreffenden Zellen.
2. In der Menüleiste auswählen:
   '*Datei*' → '*Optionen*' → '*Erweitert*'.
3. Im Abschnitt '*Beim Berechnen diese Arbeitsmappe*' mittels Mausklick (links): Aktivieren der Option '*Genauigkeit wie angezeigt festlegen*'.
4. Mausklick (links) auf die Schaltfläche '*OK*'.

Jetzt wird für eine Berechnung die Zahl mit den angezeigten Nachkommastellen herangezogen.

2.1.11 Tabellenblattname in Zelle anzeigen

1. Mausklick (links) in die gewünschte Zelle.
2. Eingabe der Formel: =RECHTS(ZELLE("Dateiname");LÄNGE (ZELLE("Dateiname"))-FINDEN("]"; ZELLE("Dateiname")))

Hinweis: Die Arbeitsmappe muss zuvor gespeichert werden.

2.1.12 Fehler

Fehlerdarstellung

####

- Formelergebnis ist für die Zelle zu breit.
- Formel für Datums- und / oder Uhrzeitangaben liefert negatives Ergebnis.

#BEZUG!

- Formel bezieht sich auf eine nachträglich gelöschte Zelle.
- Formel bezieht sich auf eine nicht vorhandene externe Datei.

#DIV/0!

- Formel beinhaltet die nicht gestattete Division durch '0'.
- Formel bezieht sich auf eine leere Zelle durch die geteilt werden soll.

#NAME?

- Formel beinhaltet Text, dem kein Bereich zugeordnet wurde.

#NULL!

- Formel bezieht sich auf eine leere Schnittmenge (Schnittmenge = Zellen, die sich bei der Angabe von Zeilen und Spaltenbezug überschneiden).

#NV

- Formel bezieht sich auf einen nicht vorhandenen Wert.

#WERT!

- Formel beinhaltet falschen Datentyp (bspw. statt einer Zahl einen Textwert).
- Matrixformel wurde ohne geschweifte Klammer eingegeben.

#ZAHL!

- Formelergebnis ist unbrauchbar (zu groß oder zu klein).

Fehlerprüfung

Variante 1: Manuelle Fehlerprüfung

1. Mausklick (links) in eine beliebige Zelle.
2. In der Menüleiste auswählen: '*Formeln*' → '*Fehlerüberprüfung*' → '*Fehlerüberprüfung ...*'.
3. In dem sich öffnenden Dialogfenster mittels Mausklick (links) wunschgemäße Fehlerbehandlung und anschließend Mausklick (links)

auf die Schaltfläche '*Weiter*'.
(Die Schritte wiederholen, bis die Bearbeitung abgeschlossen ist.)

4. Mausklick (links) auf die Schaltfläche '*OK*'.

Variante 2: Automatische Fehlerprüfung im Hintergrund (ab Excel XP)

1. Mausklick (links) in eine beliebige Zelle.
2. In der Menüleiste auswählen: '*Formeln*' → '*Fehlerüberprüfung*' → '*Fehlerüberprüfung ...*'.
3. In dem sich öffnenden Dialogfenster: Mausklick (links) auf die Schaltfläche '*Optionen...*' → '*Formeln*'.
4. Im Abschnitt '*Fehlerüberprüfung*' mittels Mausklick (links) Aktivieren der Option '*Fehlerüberprüfung im Hintergrund aktivieren*' sowie gewünschte Farbe auswählen.
5. Mausklick (links) auf die Schaltfläche '*OK*'.

   Kommt es nun zu einem fehlerhaften Formelergebnis, wird die Zelle automatisch markiert.

Hinweis: Wenn eine vor der Aktivierung der automatischen Fehlerprüfung erstellte Datei geöffnet wird, führt Excel im Hintergrund die Fehlerprüfung automatisch durch. Alle Zellen mit möglichen Problemen werden in der linken oberen Zellecke grün (oder in anderer angegebenen Farbe) markiert.

Variante 3: Fehlerprüfung durch Teilberechnung

1. Mausklick (links) in die betreffende Zelle.
2. Taste [F2] drücken.
3. Markieren der ersten mathematischen Verknüpfung, z. B. erste Summe.
4. Taste [F9] drücken. *Nun berechnet Excel nur den markierten Formelteil. Bei Richtigkeit wird der Teil in einen Wert umgewandelt, bei einem Fehler wird ein Hinweis ausgegeben.*
5. Markieren der nächsten mathematischen Verknüpfung.
6. Taste [F9] drücken.

   Den Vorgang bis zum Ende der Formel wiederholen. Mit der Taste [Esc] kann die Fehlerprüfung in der Zelle beendet werden.

Hinweis:

- *Taste [Esc]: Werte werden wieder als Formelteile dargestellt.*
- *Taste [Enter]: Werte werden fest in die Formel integriert.*

Fehlerbeseitigung – Leerzeichen

Beispiel: Störende Leerzeichen am Anfang oder Ende einer Zelle entfernen

1. Mittels Mausklick (links) in eine freie Zelle, z. B. '*B1*'.
2. Eingabe der Formel: =*Glätten(A1)*

Beispiel: Störende Leerzeichen in einer Zelle entfernen

1. Mittels Mausklick (links) in eine freie Zelle, z. B. '*B1*'.
2. Eingabe der Formel: *=WECHSELN(A1;" ";"")*

Fehlerwerte ausweisen

Tipp 1: Funktion ISTFEHLER( )

Enthält eine Formel einen Fehler, wird in der fehlerhaften Zelle ein Fehlerwert (bspw. '*#DIV/0!*') ausgegeben. Mit der Funktion ISTFEHLER( ) kann das vermieden werden.

Beispiel: Fehlerwert als '0' anzeigen.

Der Inhalt der Zelle '*A1*' soll durch den Inhalt der Zelle '*B1*' dividiert werden. Sofern es bei der Berechnung zu einem Fehler kommt (bspw. bei der Division durch Null), soll in der Ergebniszelle eine '0' ausgegeben werden.

1. In Zelle '*A1*' Eingabe einer Zahl.
2. In Zelle '*B1*' Eingabe einer Zahl.
3. Markieren der Ergebniszelle '*C1*'.
4. Eingabe der Formel: =WENN(ISTFEHLER(A1/B1);0;A1/B1)

   Wenn nun bei der Division der Zahl aus der Zelle 'A1' durch die aus der Zelle 'B1' ein Fehlerwert auftritt, wird in der Ergebniszelle gemäß der Formel (0) eine '0' ausgewiesen.

Beispiel: Fehlerwert als 'leere Zelle' anzeigen.

Der Inhalt der Zelle '*A1*' soll durch den Inhalt der Zelle '*B1*' dividiert werden. Sofern es bei der Berechnung zu einem Fehler kommt (bspw. bei der Division durch Null), soll in der Ergebniszelle eine '0' ausgegeben werden.

1. In Zelle '*A1*' Eingabe einer Zahl.
2. In Zelle '*B1*' Eingabe einer Zahl.
3. Markieren der Ergebniszelle '*C1*'.
4. Eingabe der Formel: =WENN(ISTFEHLER(A1/B1);"";A1/B1)

   Wenn nun bei der Division der Zahl aus der Zelle 'A1' durch die aus der Zelle 'B1' ein Fehlerwert auftritt, bleibt die Ergebniszelle gemäß der Formel ("") leer.

Tipp 2: Funktion WENN( ), Fehlerwert als '0' anzeigen

1. In Zelle '*A1*' Eingabe einer Zahl.
2. In Zelle '*B1*' Eingabe einer Zahl.
3. Markieren der Ergebniszelle '*C1*'.
4. Eingabe der Formel: =WENN(B1<>0;A1/B1;)

   Wenn nun bei der Division der Zahl aus der Zelle 'A1' durch die aus der Zelle 'B1' ein Fehlerwert auftritt, wird in der Ergebniszelle gemäß der Formel (0) eine '0' ausgewiesen.

Tipp 3: Fehlerwert der Ergebniszeile ausblenden

1. Markieren der Ergebniszelle.
2. Mausklick (rechts).
3. In dem sich öffnenden Kontextmenü: Mausklick (links) auf '*Zellen formatieren...*'.
4. In dem sich öffnenden Dialogfenster: Auswahl der Registerkarte '*Schrift*'.
5. Im Feld '*Farbe*' die gleiche Farbe wie der Hintergrund der Ergebniszelle auswählen (bspw. weiße Schriftfarbe auf weißem Hintergrund auswählen).
6. Mausklick (links) auf die Registerkarte '*Zahlen*'.
7. Im Feld 'Kategorie' Auswahl des Eintrages '*Benutzerdefiniert*'.
8. Im Feld 'Typ' Eingabe des Formats: [Schwarz]Standard
9. Mausklick (links) auf die Schaltfläche '*OK*'.

Nun werden alle Fehlerwerte, z. B. '#DIV/0!' in der Hintergrundfarbe und alle Nicht-Fehlerwerte schwarz dargestellt.

Tipp 4: Fehlerwerte nachträglich entfernen

1. Mausklick (links) in eine beliebige Zelle.
2. Taste [F5] drücken.
3. In dem sich öffnenden Dialogfenster: Mausklick (links) auf die Schaltfläche '*Inhalte...*'.
4. Mittels Mausklick (links) Aktivieren der Option '*Formeln*' und der Checkbox '*Fehler*'.

5. Mausklick (links) auf die Schaltfläche '*OK*'.
   Es werden alle Ergebniszellen mit Fehlerwerten markiert.
6. Taste [Entf] drücken.

2.2 Formelüberwachung (Detektiv)

Mit blau gefärbten Spurpfeilen zeigt die Funktion *'Formelüberwachung'* die Beziehung von Zellen zu einer Formel an.

1. Mausklick (links) auf die betreffende Zelle, die eine Formel enthält.
2. In der Menüleiste auswählen: '*Formeln*'.
3. Mittels Mausklick (links) bei '*Formelüberwachung*' Auswahl der Anzeige treffen:
   a. '*Spur zum Vorgänger*'
   b. '*Spur zum Nachfolger*'
   c. '*Fehlerüberprüfung*' → '*Spur zum Fehler*'
   Die Beziehungslinien werden angezeigt.
4. In der Menüleiste auswählen: '*Formeln*'.
5. Mittels Mausklick (links) bei '*Formelüberwachung*' Auswahl der gewünschten Anzeige treffen:
   - '*Pfeile entfernen*'
   - '*Pfeile entfernen*' → '*Spur zum Vorgänger*'
   - '*Pfeile entfernen*' → '*Spur zum Nachfolger*'

   Die Beziehungslinien werden wieder gelöscht.

Hinweis: Die Funktionalität 'Formelüberwachung' heißt in Vorgängerversionen 'Detektiv'.

2.3 Rechenoperationen

2.3.1 Grundberechnungen

Mit Hilfe von Microsoft® Excel sind Berechnungen möglich. Dabei können mehrere Rechenoperationen in einer Formel vereinigt werden. Da Punktrechnung stets vor Strichrechnung geht, ist es notwendig, auf die richtige Klammersetzung zu achten.

Beispiel:

1. Mausklick (links) in die gewünschte Zelle.
2. Eingabe der entsprechenden Formel.

    - Addition [+]
      z. B. =B2+C2
      z. B. =SUMME(B3:D3)
    - Subtraktion [-]
      z. B. =B4-C4
    - Multiplikation [*]
      z. B. =B5*C5
    - Division [/]
      z. B. =B6/C6
    - Dezimaltrennzeichen
      (z. B. 10.00) [.]
    - Bereichstrennzeichen
      (z. B. A1:A3) [:]

2.3.2 Teilberechnungen

Große Bereiche können zu mehreren Zwischensummen zusammengefasst werden. Dafür bietet Excel die Funktionalität *'Teilergebnisse'*.

Tipp 1: Teilberechnung für Spaltenwerte

Beispiel: Sortieren - Gruppieren - Addieren

1. Markieren der Spalten, die sortiert werden sollen.
2. In der Menüleiste auswählen: *'Daten'* → *'Sortieren'*.
3. In dem sich öffnenden Dialogfenster das Sortierkriterium sowie die Reihenfolge (aufsteigend / absteigend) eingeben. (Mittels Mausklick (links) auf das Listenfeld der betreffenden Spalte und Auswahl des gewünschten Kriteriums.)
4. Mausklick (links) auf die Schaltfläche *'OK'*. *Gemäß Sortierkriterium sind nun die Daten sortiert.*
5. Markieren der zu einem Teilergebnis zusammenzufassenden Daten inklusive Überschrift, z. B. Spalten *'A'* und *'B'*.
6. In der Menüleiste auswählen: *'Daten'* → *'Teilergebnis'*.
7. Im Feld *'Gruppieren nach'* Auswahl des gewünschten Kriteriums, z. B. *'Artikel'*.
8. Im Feld *'Unter Verwendung von'* Auswahl der gewünschten mathematischen Funktion, z. B. *'Summe'*.

9. Im Feld '*Teilergebnisse addieren zu*' Auswahl, auf welche Spalte die Berechnung angewandt werden soll, z. B. '*Anzahl*'.
10. Mausklick (links) auf die Schaltfläche '*OK*'.

	A	B
1	Anzahl	Artikel
2	1	10
3	1	20
4	1 Ergebnis	30
5	2	5
6	2	5
7	2	10
8	2 Ergebnis	20
9	Gesamtergebnis	50

Abb. 6: Beispiel Teilberechnung für Spaltenwerte

Tipp 2: Teilberechnung für Formelwerte

Beispiel: Teilberechnung bei Formeleingabe

1. Mausklick (links) in eine leere Zelle.
2. Eingabe der betreffenden Formel, z. B. =(1+2*3)+400 (**Nicht** [Enter] drücken!)
3. Markieren des Klammerbereichs.
4. Taste [F9] drücken. (Zellergebnis: =7+400)
5. Taste [Enter] drücken. (Zellergebnis: = 407)

Beispiel: Teilberechnung für eine vorhandene Formelzelle

1. Doppelmausklick (links) in die betreffende Formelzelle, z. B. =(1+2*3)+400
2. Markieren des Klammerbereichs.
3. Taste [F9] drücken. (Zellergebnis: =7+400)
4. Taste [Enter] drücken. (Zellergebnis: = 407)

Mit gefilterten Werten rechnen

Wenn eine Filterung von Daten stattfand und nur die angezeigten Werte in eine Berechnung einbezogen werden sollen, kann auf die Funktion *=TEILERGEBNIS( )* zurückgegriffen werden.

1. Markieren der Spalten, bei denen eine AutoFilter-Funktion hinterlegt werden soll.
2. In der Menüleiste auswählen: *'Daten'* → *'Filtern'*.
3. Filterung der Daten vornehmen. (Mittels Mausklick (links) auf das Listenfeld der betreffenden Spalte und Auswahl des gewünschten Kriteriums.)
4. Mausklick (links) in eine leere Zelle.
5. Mausklick (links) auf das Symbol *'Autosumme'*. *Excel fügt nun die Funktion =TEILERGEBNIS(9;) ein. Der Cursor blinkt hinter dem Semikolon.*
6. Innerhalb der Klammer Eintrag des zu addierenden Bereichs, z. B. *=TEILERGEBNIS(9;C2:C9).*
7. Taste [Enter] drücken.

Hinweis: =TEILERGEBNIS(Funktion;Bezug1;...)

Es empfiehlt sich, die Summenzelle oberhalb der Werte zu setzen. Bei einer Erweiterung der Liste wird so die Formel nicht überschrieben.

mit Einbezug von ausgeblendeten Werten		**ohne Einbezug von ausgeblendeten Werten**	
Code	**Funktion**	**Code**	**Funktion**
1	=Mittelwert	101	= Mittelwert
2	=Anzahl	102	= Anzahl
3	=Anzahl2	103	=Anzahl2
4	=Max	104	=Max
5	=Min	105	=Min
6	=Produkt	106	=Produkt
7	=Stab.w	107	=Stabw
8	=Stabw.n	108	=Stabwn
9	=Summe	109	=Summe
10	=Var.s	110	=Varianz
11	=Var.p	111	=Varianzen

Abb. 7: Code und Funktion

Wenn der Bereich der zu addierenden Zellen reichlich gefasst wurde, muss dieser in der Formel bei Ergänzung der Liste unter Umständen nicht angepasst werden. Bei Verwendung des Arguments '9' ist zu berücksichtigen, dass nur die sichtbaren Werte summiert werden.

2.3.3 Subtraktion (-)

=Minuend-Subtrahend=Differenz

Tipp 1: Subtraktion mit mehreren Subtrahenden

1. Mausklick (links) in eine leere Zelle, z. B. '*A5*'.
2. Eingabe des Gleichheitszeichens für den Rechenvorgang: **=**
3. Mausklick (links) auf die Zelle des Minuenden, z. B. '*A1*'. ***=A1***
4. Eingabe des Minuszeichens: *=A1-*
5. Eingabe der Summenformel mit einer geöffneten Klammer: *=A1-Summe(*
6. Markieren aller Subtrahenden, z. B. '*B1*', '*B2*', '*B3*'. *=A1-Summe(B1:B3*
7. Klammer der Formel schließen. *=A1-Summe(B1:B3)*
8. Taste [Enter] drücken.

Tipp 2: Änderung der Position des Minuszeichens (statt hinter der Ziffer vor die Ziffer)

In manchen Dateien steht bei negativen Zahlen das Minuszeichen hinter der Ziffer. Mit Hilfe einer Formel kann diese Darstellung geändert werden.

1. Mausklick (links) in die betreffende Zelle.
2. Eingabe der Formel: =WENN(RECHTS(A1;1)="-"; (-1)*LINKS(A1;LÄNGE(A1)-1))

Beispiel:

- Zelle A1: 10- | Zelle B1: =WENN(RECHTS(A1;1)="-";(-1) *LINKS(A1;LÄNGE(A1)-1)) | Ergebnis: -10
- Zelle A2: 15- | Zelle B2: =WENN(RECHTS(A2;1)="-";(-1) *LINKS(A2;LÄNGE(A2)-1)) | Ergebnis: -15
- Zelle A3: 20- | Zelle B3: =WENN(RECHTS(A3;1)="-";(-1) *LINKS(A3;LÄNGE(A3)-1)) | Ergebnis: -20

2.3.4 Multiplikation (*)

=Faktor*Faktor=Produkt

Tipp 1: Mehrere Faktoren miteinander multiplizieren

Beispiel: A1 = 2 * A2= 3 * A3 = 2

1. Mausklick (links) in eine leere Zelle, z. B. '*A5*'.
2. Eingabe der Formel: =PRODUKT(A1;A2;A3)
3. Taste [Enter] drücken.

Ergebnis: 12

Tipp 2: Mehrere Zahlen mit dem gleichen Faktor multiplizieren

1. Faktor in beliebige Zelle eingeben.
2. Mausklick (links) auf diese Zelle.
3. Tastenkombination *[Strg]* + *[c]* drücken (nicht gedrückt halten).

4. Markieren aller Zahlen, die mit dem gewünschten Faktor multipliziert werden sollen.
5. Mausklick (rechts).
6. In dem sich öffnenden Kontextmenü: Mausklick (links) auf '*Inhalte einfügen...*'.
7. In dem sich öffnenden Dialogfenster: Mittels Mausklick (links) Aktivieren der Option '*Multiplizieren*'.
8. Mausklick (links) auf die Schaltfläche '*OK*'.
9. Der eingetragene Faktor (siehe 1.) kann nun wieder gelöscht werden.

Hinweis: Die Formel wird nicht mit übernommen. Eine spätere Zuordnung, woraus das Produkt entstand, ist somit nicht möglich.

2.3.5 Addition (+)

=Summand+Summand=Summe

Tipp 1: Summanden addieren

Beispiel: A1 = 2 + A2 = 3 + A3 = 2

Variante 1:

1. Mausklick (links) in eine leere Zelle, z. B. '*A5*'.
2. Eingabe der Formel: =SUMME(A1:A3)
3. Taste [Enter] drücken.

Variante 2:

1. Mausklick (links) in eine leere Zelle, z. B. '*A5*'.
2. Eingabe der Formel: =A1+A2+A3
3. Taste [Enter] drücken.

Variante 3:

1. Mausklick (links) in eine leere Zelle unterhalb oder neben die zu addierenden Summanden., z. B. '*A5*'.
2. In der Menüleiste auswählen:
   '*Formeln*' → '*AutoSumme*'. *Es werden automatisch die unmittelbar davorstehenden zusammenhängenden Zellen markiert.*
3. Taste [Strg] drücken und gedrückt halten.
4. Mausklick (links) auf alle zusätzlich zu summierenden Zellen. *Die Summenformel wird automatisch aktualisiert.*
5. Taste [Enter] drücken.

Beispiel: Summe nur anzeigen

1. Eingabe der Zahlen.
2. Markieren des zu summierenden Bereichs. *Die Summe der Zellinhalte wird automatisch in der Statuszeile angezeigt.*

Hinweis: In einer Summenformel werden die einzelnen Zellen mittels Semikolon (;) getrennt. In älteren Excel-Versionen erscheint beim Gebrauch eines '+'-Zeichens eine Fehlermeldung.

Beispiel: Summe bei variabler Summenspalte

Wird eine Tabelle vor der Zelle, die die Summe enthält, durch eine weitere Zeile ergänzt, aktualisiert sich die Summenformel unter Umständen nicht automatisch.

1. Mausklick (links) in eine leere Zelle, z. B. '*A5*'.
2. Eingabe der Formel:
   =SUMME(INDIREKT("A2:A"&ZEILE( )-1))
3. Taste [Enter] drücken.

Hinweis: Die Formel ist entsprechend der Zelle und Spalte anzupassen.

Tipp 2: Negative und positive Zahlen getrennt addieren

Beispiel für den Bereich '*A2:A5*'

1. Mausklick (links) in eine leere Zelle, z. B. '*A5*'.
2. Eingabe der Formel für negative Zahlen:
   {=SUMME(($A$2:$A$5<0)*($A$2:$A$5))}
   (Die geschweiften Klammern werden mit der Tastenkombination [Strg] + [Shift] + [Enter] erzielt.)
3. Mausklick (links) in eine leere Zelle, z. B. '*A6*'.
4. Eingabe der Formel für positive Zahlen:
   {=SUMME(($A$2:$A$5>0)*($A$2:$A$5))}
   (Die geschweiften Klammern werden mit der Tastenkombination [Strg] + [Shift] + [Enter] erzielt.)

Hinweis: Die geschweifte Klammer ist nicht mit einzugeben, stattdessen ist die Eingabe der Formel mit der Tastenkombination [Strg] + [Shift] + [Enter] abzuschließen.

Tipp 3: Summe mit Text in der Ergebniszelle ausweisen

1. Mausklick (links) in eine leere Zelle, z. B. '*A5*'.
2. Eingabe der Formel:
   ="Summe" & SUMME(A2:A5)
3. Taste [Enter] drücken.

Hinweis: Der gewünschte Text ist in Anführungszeichen anzugeben.

Tipp 4: Nullwerte im Summenergebnis nicht anzeigen

1. Mausklick (links) in eine leere Zelle, z. B. '*A5*'.
2. Eingabe der Formel:
   =WENN(SUMME(A1:A4)=0;
   "";SUMME(A1:A4))
3. Taste [Enter] drücken.

= SUMMEWENN( )

=SUMMWENN(Bereich;Suchkriterien;Summe_Bereich)

Unter Verwendung von Microsoft® Excel können Berechnungen durchgeführt werden. Dabei können einzelne Rechenschritte mit Bedingungen verknüpft sein.

Erläuterung zur Formel:

- Bereich: Zellbereich der Suchkriterien.
  Beispiel: *A2:A4*

- Suchkriterien: Zu suchende Kriterien. Mathematische Vergleichsoperatoren sind in Anführungszeichen zu setzen.
  Beispiel: "*<31.12.2004*" aber *E2*
- Summe_Bereich: Zellbereich der zu addierenden Daten.
  Beispiel: *B2:B4*

Beispiel: Ermitteln des Gesamt-Bestandes 2014

1. Mausklick (links) in eine freie Zeile, z. B. '*D9*'.
2. Eingabe der Formel:
   =SUMMEWENN(C2:C7;"<31.12.2014";D2:D7)

	A	B	C	D	E
1	*Buch*	*Preis*	*Datum*	*Bestand*	*Suche*
2	1	10,00	24.01.14	100	1
3	2	20,00	26.02.14	- 50	
4	3	30,00	24.03.14	200	
5	4	40,00	20.05.14	300	
6	5	50,00	13.09.14	400	
7	1	10,00	30.09.14	50	
8					
9	Gesamt-Bestand 2014:			1000	

Abb. 8: Beispiel-Ergebnis

Beispiel: Ermitteln des Gesamt-Bestandes (positiv)

1. Mausklick (links) in eine freie Zeile, z. B. '*D9*'.
2. Eingabe der Formel:
   =SUMMEWENN(D2:D7;">0")

	A	B	C	D	E
1	*Buch*	*Preis*	*Datum*	*Bestand*	*Suche*
2	1	10,00	24.01.14	100	1
3	2	20,00	26.02.14	- 50	
4	3	30,00	24.03.14	200	
5	4	40,00	20.05.14	300	
6	5	50,00	13.09.14	400	
7	1	10,00	30.09.14	50	
8					
9	Gesamt-Bestand (positiv):			1050	

Abb. 9: Beispiel-Ergebnis

Beispiel: Ermitteln des Bestandes mit Preis >35,00

1. Mausklick (links) in eine freie Zeile, z. B. '*D9*'.
2. Eingabe der Formel:
   =SUMMEWENN(B2:B7;">35";D2:D7)

	A	B	C	D	E
1	*Buch*	*Preis*	*Datum*	*Bestand*	*Suche*
2	1	10,00	24.01.14	100	1
3	2	20,00	26.02.14	- 50	
4	3	30,00	24.03.14	200	
5	4	40,00	20.05.14	300	
6	5	50,00	13.09.14	400	
7	1	10,00	30.09.14	50	
8					
9	Bestand mit Preis >35,00:			700	

Abb. 10: Beispiel-Ergebnis

Beispiel: Ermitteln des Bestandes mit Preis > '*B2*'

1. Mausklick (links) in eine freie Zeile, z. B. '*D9*'.
2. Eingabe der Formel:
   =SUMMEWENN(B2:B7;">"&B2;D2:D7)

	A	B	C	D	E
1	*Buch*	*Preis*	*Datum*	*Bestand*	*Suche*
2	1	10,00	24.01.14	100	1
3	2	20,00	26.02.14	- 50	
4	3	30,00	24.03.14	200	
5	4	40,00	20.05.14	300	
6	5	50,00	13.09.14	400	
7	1	10,00	30.09.14	50	
8					
9	Bestand mit Preis >B2:			850	

Abb. 11: Beispiel-Ergebnis

Beispiel: Ermitteln des Bestandes < (Tages)datum

1. Mausklick (links) in eine freie Zeile, z. B. '*D9*'.
2. Eingabe der Formel:
   =SUMMEWENN(C2:C7;"<"&HEUTE();D2:D7)

	A	B	C	D	E
1	*Buch*	*Preis*	*Datum*	*Bestand*	*Suche*
2	1	10,00	24.01.14	100	1
3	2	20,00	26.02.14	- 50	
4	3	30,00	24.03.14	200	
5	4	40,00	20.05.14	300	
6	5	50,00	13.09.14	400	
7	1	10,00	30.09.14	50	
8					
9	Bestand <08.03.2014:			250	

Abb. 12: Beispiel-Ergebnis

Beispiel: Ermitteln des Gesamt-Bestandes Buch 1

1. Mausklick (links) in eine freie Zeile, z. B. '*D9*'.
2. Eingabe der Formel:
   =SUMMEWENN(A2:A7;E2;D2:D7)

	A	B	C	D	E
1	*Buch*	*Preis*	*Datum*	*Bestand*	*Suche*
2	1	10,00	24.01.14	100	1
3	2	20,00	26.02.14	- 50	
4	3	30,00	24.03.14	200	
5	4	40,00	20.05.14	300	
6	5	50,00	13.09.14	400	
7	1	10,00	30.09.14	50	
8					
9	Gesamt-Bestand Buch 1:			150	

Abb. 13: Beispiel-Ergebnis

Erläuterung zur Formel:

Gibt es eine Übereinstimmung im Bereich 'A2:A7' zu 'E2', dann 'D2:D7' summieren.

Tipp 1: =SUMMEWENN mit Hilfe des Funktionsassistenten

Beispiel: Addieren von Werten einer Spalte, die den Wert 20 übersteigen

1. Mausklick (links) in eine freie Zelle.
2. Eingabe der Funktion mit geöffneter Klammer, z. B. =SUMMEWENN(
3. Die Tastenkombination [Strg] + [A] drücken. *Der Funktionsassistent wird mit der eingegebenen Formel gestartet.*
4. In dem sich öffnenden Dialogfenster: Im Feld '*Bereich*' Eingabe des Bereiches, der durchsucht werden soll (z. B. *B2:B8*).
5. Im Feld '*Suchkriterien*' Eingabe des Suchkriteriums (z. B. "*>20*").
6. Im Feld '*Summe_Bereich*' Eingabe des Bereichs, der unter Beachtung des Suchkriteriums addiert werden soll (z. B. *D2:D7*).
7. Mausklick (links) auf die Schaltfläche '*OK*'.

Tipp 2: =SUMMEWENN mit einer Hilfstabelle

Beispiel: Addieren von Werten einer Spalte, die den Wert 20 übersteigen und den Wert 50 unterschreiten

1. Mausklick (links) in eine freie Spalte, z. B. Spalte '*A*'.
2. Eingabe der Werte für den ersten Bereich. *(Diese werden gemäß Bedingung durchsucht.*
3. Mausklick (links) in eine freie Spalte, z. B. Spalte '*B*'.
4. Eingabe der Werte für den zweiten Bereich. *(Diese werden gemäß Bedingung addiert.)*
5. Mausklick (links) in eine freie Spalte, z. B. Spalte '*C*'.
6. Eingabe der Formel: =WENN(UND(A2>20;A2<50);1;"")
   Gemäß der Bedingung wird die Spalte 'A' durchsucht und sofern ein Wert > 20, jedoch < 50 ist, in der Spalte 'C' eine '1' ausgewiesen.
7. Mausklick (links) in die Zelle, in der das Endergebnis stehen soll.
8. Eingabe der Formel: =SUMMEWENN(C2:C7;1;B2:B7)
9. Gemäß der Bedingung werden alle Werte der Spalte '*B*' addiert, die zuvor die Bedingung 1 erfüllten.

	A	B		C		E
1	*Preis*	*Bestand*	*Formel in C*			*Ergebnis*
2	10,00	100	=WENN(UND (A2>20;A2 <50);1;"")			
3	20,00	- 50	=WENN(UND (A3>20;A3 <50);1;"")			
4	30,00	200	=WENN(UND (A4>20;A4 <50);1;"")	1		
5	40,00	300	=WENN(UND (A5>20;A5 <50);1;"")	1		
6	50,00	400	=WENN(UND (A6>20;A6 <50);1;"")			
7	10,00	50	=WENN(UND (A7>20;A7 <50);1;"")			
8					=SUMME WENN (C2:C7;1; B2:B7)	500

Abb. 14: Beispiel-Ergebnis

2.4 Anzahl / Zählen

Mit nachstehenden Schritten kann die Anzahl von Zeichen ermittelt werden. Dabei sind drei wesentliche Funktionen zu unterscheiden:

=ANZAHL( )

=Anzahl(Bereich)

Beispiel: =Anzahl(A1:A7)

- zählt: alle Zahlen und Dateneinträge
- zählt nicht: Text, Fehlerwerte und leere Zellen

=ANZAHL2( )
=Anzahl2(Bereich)

Beispiel: =Anzahl2(B1:B13)

- zählt: alle Zahlen, Texte, Dateneinträge und Fehlerwerte
- zählt nicht: leere Zellen

=ZÄHLENWENN( )
=Zählenwenn(Bereich;Kriterium)

Beispiel: =Zählenwenn(B1:B12;B13)

- zählt: alle Dateneinträge nach bestimmten Kriterien
- zählt nicht: leere Zellen

Tipp 1: Anzahl der nur mit Zahlen belegten Zellen anzeigen

Beispiel: Anzahl der Einträge in Spalte '*C*'

1. Mausklick (links) in eine freie Zelle, z. B. '*D9*'.
2. Eingabe der Formel: =Anzahl(C1:C8)

	A	B	C		E
1	*Buch*	*Preis*	*Bestand*	*Formel in D*	*Ergebnis*
2	1	10,00	100		
3	2	20,00	- 50		
4	3	30,00	200		
5	4	40,00	300		
6	5	50,00	400		
7	1	10,00	50		
8					
9				=Anzahl (C1:C8)	6

Abb. 15: Beispiel-Ergebnis

Tipp 2: Anzahl nicht leerer Zellen anzeigen

Beispiel: Anzahl der Einträge in Spalte '*C*'

1. Mausklick (links) in eine freie Zelle, z. B. '*D9*'.
2. Eingabe der Formel: =Anzahl2(C1:C8)

	A	B	C		E
1	*Buch*	*Preis*	*Bestand*	*Formel in D*	*Ergebnis*
2	1	10,00	100		
3	2	20,00	- 50		
4	3	30,00	200		
5	4	40,00	300		
6	5	50,00	400		
7	1	10,00	50		
8					
9				=Anzahl2 (C1:C8)	7

Abb. 16: Beispiel-Ergebnis

Tipp 3: Anzahl der Zellen mit einem Texteintrag anzeigen

Beispiel: Anzahl der Texteinträge in einem Bereich

1. Mausklick (links) in eine freie Zelle, z. B. '*D9*'.
2. Eingabe der Formel: =ZÄHLENWENN(A1:C8;"*")

	A	B	C		E
1	*Buch*	*Preis*	*Bestand*	*Formel in D*	*Ergebnis*
2	1	10,00	100		
3	2	20,00	- 50		
4	3	30,00	200		
5	4	40,00	300		
6	5	50,00	400		
7	1	10,00	50		
8					
9				=ZÄHLEN WENN (A1:C8;"*")	3

Abb. 17: Beispiel-Ergebnis

Beispiel: Anzahl der Worteinträge in einem Bereich, z. B. '*Buch*'

1. Mausklick (links) in eine freie Zelle, z. B. '*D9*'.
2. Eingabe der Formel: =ZÄHLENWENN(A1:C8;"Buch")

	A	B	C		E
1	*Buch*	*Preis*	*Bestand*	*Formel in D*	*Ergebnis*
2	1	10,00	100		
3	2	20,00	- 50		
4	3	30,00	200		
5	4	40,00	300		
6	5	50,00	400		
7	1	10,00	50		
8					
9				=ZÄHLEN WENN (A1:C8;"Buch")	1

Abb. 18: Beispiel-Ergebnis

<u>Beispiel</u>: Anzahl von Einträgen, die mit dem Buchstaben'*B*' beginnen, in einem Bereich zählen

1. Mausklick (links) in eine freie Zelle, z. B.'*D9*'.
2. Eingabe der Formel: =ZÄHLENWENN(A1:C8;"B*")

	A	B	C		E
1	*Buch*	*Preis*	*Bestand*	*Formel in D*	*Ergebnis*
2	1	10,00	100		
3	2	20,00	- 50		
4	3	30,00	200		
5	4	40,00	300		
6	5	50,00	400		
7	1	10,00	50		
8					
9				=ZÄHLEN WENN (A1:C8;"B*")	2

Abb. 19: Beispiel-Ergebnis

<u>Beispiel</u>: Anzahl der Einträge, die den Buchstaben '*A*' enthalten, in einem Bereich zählen

1. Mausklick (links) in eine freie Zelle, z. B. '*D9*'.
2. Eingabe der Formel:
   =ZÄHLENWENN(A1:C8;"*A*")

	A	B	C		E
1	*Buch*	*Preis*	*Bestand*	*Formel in D*	*Ergebnis*
2	1	10,00	100		
3	2	20,00	- 50		
4	3	30,00	200		
5	4	40,00	300		
6	5	50,00	400		
7	1	10,00	50		
8					
9				=ZÄHLEN WENN (A1:C8;"*A*")	1

Abb. 20: Beispiel-Ergebnis

Beispiel: Anzahl der Einträge, die den Text '*Buch*' oder '*Preis*' enthalten, in einem Bereich zählen

1. Mausklick (links) in eine freie Zelle, z. B. '*D9*'.
2. Eingabe der Formel:
   =ZÄHLENWENN(A1:C8;"Buch")+
   ZÄHLENWENN(A1:C8;"Preis")

	A	B	C		E
1	*Buch*	*Preis*	*Bestand*	*Formel in D*	*Ergebnis*
2	1	10,00	100		
3	2	20,00	- 50		
4	3	30,00	200		
5	4	40,00	300		
6	5	50,00	400		
7	1	10,00	50		
8					
9				=ZÄHLENWENN (A1:C8;"Buch")+ ZÄHLENWENN (A1:C8;"Preis")	2

Abb. 21: Beispiel-Ergebnis

Tipp 4: Anzahl eines bestimmten Zeichens in einer Zelle anzeigen

Beispiel: Anzahl des Zeichens '-' in der Zelle '*C3*'

1. Mausklick (links) in eine freie Zelle, z. B. '*D3*'.
2. Eingabe der Formel: =LÄNGE(C3)-LÄNGE(WECHSELN(C3;"-";))

	A	B	C		E
1	*Buch*	*Preis*	*Bestand*	*Formel in D*	*Ergebnis*
2	1	10,00	100		
3	2	20,00	- 50	=LÄNGE(C3)-LÄNGE (WECHSELN (C3;"-";))	1
4	3	30,00	200		
5	4	40,00	300		
6	5	50,00	400		
7	1	10,00	50		
8					
9					

Abb. 22: Beispiel-Ergebnis

Tipp 5: Anzahl der Zeichen in einer Zelle anzeigen (inklusive Leerzeichen)

Beispiel: Anzahl der Zeichen in der Zelle '*C3*'

Variante 1:

1. Mausklick (links) in eine freie Zelle, z. B. '*D3*'.
2. Eingabe der Formel: =LÄNGE(C3)

	A	B	C		E
1	*Buch*	*Preis*	*Bestand*	*Formel in D*	*Ergebnis*
2	1	10,00	100		
3	2	20,00	- 50	=LÄNGE(C3)	3
4	3	30,00	200		
5	4	40,00	300		
6	5	50,00	400		
7	1	10,00	50		
8					
9					

Abb. 23: Beispiel-Ergebnis

Variante 2:

1. Mausklick (links) in eine freie Zelle, z. B. '*D3*'.
2. In der Menüleiste auswählen:
   '*Formeln*' → '*Funktion einfügen*'.
3. Im Feld '*Kategorie auswählen*' Auswahl des Eintrages '*Text*'.
4. Im Feld '*Funktion auswählen*' Auswahl der Funktion '*Länge*'.
5. Mausklick (links) auf die Schaltfläche '*OK*'.

6. In dem sich öffnenden Dialogfenster: Eingabe der betreffenden Zelle.
7. Mausklick (links) auf die Schaltfläche '*OK*'.

Tipp 6: Anzahl einer bestimmten Ziffer anzeigen

Beispiel: Anzahl der Ziffer '*0*' in der Spalte '*C*'

1. Mausklick (links) in eine freie Zelle, z. B. '*D9*'.
2. Eingabe der Formel: {=SUMME(LÄNGE(C1:C8)-LÄNGE (WECHSELN(C1:C8;0;"")))}

	A	B	C		E
1	*Buch*	*Preis*	*Bestand*	*Formel in D*	*Ergebnis*
2	1	10,00	100		
3	2	20,00	- 50		
4	3	30,00	200		
5	4	40,00	300		
6	5	50,00	400		
7	1	10,00	50		
8					
9				{=SUMME(LÄNGE (C1:C8)-LÄNGE (WECHSELN (C1:C8;0;"")))}	10

Abb. 24: Beispiel-Ergebnis

Hinweis: Die geschweifte Klammer ist nicht mit einzugeben, stattdessen ist die Eingabe der Formel mit der Tastenkombination [Strg] + [Shift] + [Enter] abzuschließen.

Tipp 7: Anzahl der nicht belegten Zellen anzeigen

Beispiel: Anzahl der nicht belegten Zellen in Spalte '*C*'

1. Mausklick (links) in eine freie Zelle, z. B. '*D9*'.
2. Eingabe der Formel: =ANZAHLLEEREZELLEN(C1:C8)

	A	B	C		E
1	*Buch*	*Preis*	*Bestand*	*Formel in D*	*Ergebnis*
2	1	10,00	100		
3	2	20,00	- 50		
4	3	30,00	200		
5	4	40,00	300		
6	5	50,00	400		
7	1	10,00	50		
8					
9				=ANZAHL LEEREZELLEN (C1:C8)	1

Abb. 25: Beispiel-Ergebnis

Tipp 8: Anzahl von Einträgen aus einer gefilterten Liste anzeigen

Wenn eine Filterung von Daten stattfand und nur die angezeigten Werte in eine Berechnung einbezogen werden sollen, kann auf die Funktion =*TEILERGEBNIS( )* zurückgegriffen werden.

Beispiel: Anzahl von Einträgen der Spalte 'C' ohne Texteinträge anzeigen

1. Markieren der Spalten, bei denen eine AutoFilter-Funktion hinterlegt werden soll.
2. In der Menüleiste auswählen:
   'Daten' → 'Filtern'.
3. Filterung der Daten vornehmen. (Mittels Mausklick (links) auf das Listenfeld der betreffenden Spalte und Auswahl des gewünschten Kriteriums.)
4. Mausklick (links) in eine leere Zelle.
5. Mausklick (links) auf das Symbol '*Autosumme*'.
   Excel fügt nun die Funktion =TEILERGEBNIS(9;) ein. Der Cursor blinkt hinter dem Semikolon.
6. Die '*9*' mit einer '*2*' (für '*Anzahl*') überschreiben.
7. Innerhalb der Klammer Eintrag des zu zählenden Bereichs, z. B. =*TEILERGEBNIS(2;C2:C9).*
8. Taste [Enter] drücken.

	A	B	C		E
1				=TEIL ERGEBNIS (2;C3:C9)	1
2	*Buch*	*Preis*	*Bestand*	*Formel in D*	*Ergebnis*
3	1	10,00	hundert		
8	1	10,00	50		
9					

Abb. 26: Beispiel-Ergebnis

Beispiel: Anzahl von Einträgen der Spalte 'C' einschließlich Texteinträge anzeigen

1. Markieren der Spalten, bei denen eine AutoFilter-Funktion hinterlegt werden soll.
2. In der Menüleiste auswählen: *'Daten'* → *'Filtern'*.
3. Filterung der Daten vornehmen. (Mittels Mausklick (links) auf das Listenfeld der betreffenden Spalte und Auswahl des gewünschten Kriteriums.)
4. Mausklick (links) in eine leere Zelle.
5. Mausklick (links) auf das Symbol *'Autosumme'*. *Excel fügt nun die Funktion =TEILERGEBNIS(9;) ein. Der Cursor blinkt hinter dem Semikolon.*
6. Die *'9'* mit einer *'3'* (für *'Anzahl2'*) überschreiben.
7. Innerhalb der Klammer Eintrag des zu zählenden Bereichs, z. B. =TEILERGEBNIS(3;C2:C9).
8. Taste [Enter] drücken.

	A	B	C		E
1				=TEIL ERGEBNIS (3;C3:C9)	2
2	*Buch*	*Preis*	*Bestand*	*Formel in D*	*Ergebnis*
3	1	10,00	hundert		
8	1	10,00	50		
9					
10					

Abb. 27: Beispiel-Ergebnis

Hinweis: =TEILERGEBNIS(Funktion;Bezug1;...)

Es empfiehlt sich, die Ergebniszelle oberhalb der Werte zu setzen. Bei einer Erweiterung der Liste wird so die Formel nicht überschrieben.

Wenn der Bereich der zu zählenden Zellen reichlich gefasst wurde, muss dieser in der Formel bei Ergänzung der Liste unter Umständen nicht angepasst werden.

Die Argumente '2' bzw. '3' für '*Teilergebnis*' ergeben sich aus folgender Codierung der Abb. 7:

mit Einbezug von ausgeblendeten Werten		**ohne Einbezug von ausgeblendeten Werten**	
Code	**Funktion**	**Code**	**Funktion**
1	=Mittelwert	101	= Mittelwert
2	=Anzahl	102	= Anzahl
3	=Anzahl2	103	=Anzahl2
4	=Max	104	=Max
5	=Min	105	=Min
6	=Produkt	106	=Produkt
7	=Stab.w	107	=Stabw
8	=Stabw.n	108	=Stabwn
9	=Summe	109	=Summe
10	=Var.s	110	=Varianz
11	=Var.p	111	=Varianzen

Tipp 9: Zählen der Häufigkeit eines Wertes

Beispiel: Zählen, wie oft die Zahl 10 in der Spalte '*B*' vorkommt

1. Mausklick (links) in eine freie Zelle, z. B. '*D9*'.
2. Eingabe der Formel: =ZÄHLENWENN(B1:B8;10)

	A	B	C		E
1	*Buch*	*Preis*	*Bestand*	*Formel in D*	*Ergebnis*
2	1	10,00	100		
3	2	20,00	- 50		
4	3	30,00	200		
5	4	40,00	300		
6	5	50,00	400		
7	1	10,00	50		
8					
9				=ZÄHLEN WENN (B1:B8;10)	2

Abb. 28: Beispiel-Ergebnis

Tipp 10: Anzahl von Beträgen ermitteln, die einen bestimmten Wert übersteigen

Beispiel: Zählen, wie viele Beträge den Wert 20 in der Spalte '*B*' überschreiten

Variante 1:

1. Mausklick (links) in eine freie Zelle, z. B. '*D9*'.
2. Eingabe der Formel:
   =ZÄHLENWENN(B1:B8;">20")

	A	B	C		E
1	*Buch*	*Preis*	*Bestand*	*Formel in D*	*Ergebnis*
2	1	10,00	100		
3	2	20,00	- 50		
4	3	30,00	200		
5	4	40,00	300		
6	5	50,00	400		
7	1	10,00	50		
8					
9				=ZÄHLEN WENN (B1:B8;">20")	3

Abb. 29: Beispiel-Ergebnis

Variante 2:

1. Mausklick (links) in eine freie Zelle, z. B. '*D9*'.
2. Eingabe der Formel:
   =ZÄHLENWENN(B1:B8;">"&B3)

	A	B	C		E
1	*Buch*	*Preis*	*Bestand*	*Formel in D*	*Ergebnis*
2	1	10,00	100		
3	2	20,00	- 50		
4	3	30,00	200		
5	4	40,00	300		
6	5	50,00	400		
7	1	10,00	50		
8					
9				=ZÄHLEN WENN (B1:B8;">"&B3)	3

Abb. 30: Beispiel-Ergebnis

Variante 3:

1. Mausklick (links) in eine freie Zelle, z. B. '*D9*'.
2. In der Menüleiste auswählen:
   '*Formeln*' → '*Funktion einfügen*'.
3. Im Feld '*Kategorie auswählen*' Auswahl des Eintrages '*Alle*'.
4. Im Feld '*Funktion auswählen*' Auswahl der Funktion '*ZÄHLENWENN*'.
5. Mausklick (links) auf die Schaltfläche '*OK*'.
6. In dem sich öffnenden Dialogfenster: Eingabe des zu durchsuchenden Bereichs.

7. Im Feld '*Suchkriterien*' Eingabe des Wertes, der von den gesuchten Beträgen überschritten werden soll.
8. Mausklick (links) auf die Schaltfläche '*OK*'.

<u>Tipp</u> 11: Ermitteln der Anzahl von Beträgen, die den einen Wert übersteigen und den anderen Wert unterschreiten

<u>Beispiel</u>: Zählen, wie viele Beträge den Wert 20 in der Spalte '*B*' übersteigen und den Wert 50 unterschreiten.

1. Mausklick (links) in eine freie Zelle, z. B. '*D9*'.
2. Eingabe der Formel:
   {=SUMME((B1:B8>20)*(B1:B8<50))}

	A	B	C		E
1	*Buch*	*Preis*	*Bestand*	*Formel in D*	*Ergebnis*
2	1	10,00	100		
3	2	20,00	- 50		
4	3	30,00	200		
5	4	40,00	300		
6	5	50,00	400		
7	1	10,00	50		
8					
9				{=SUMME((B1:B8>20) *(B1:B8<50))}	2

Abb. 31: Beispiel-Ergebnis

Hinweis: Die geschweifte Klammer ist nicht mit einzugeben, stattdessen ist die Eingabe der Formel mit der Tastenkombination [Strg] + [Shift] + [Enter] abzuschließen.

Tipp 12: Ermitteln der Anzahl von negativen Werten

Beispiel: Zählen der negativen Werte in der Spalte '*C*'

1. Mausklick (links) in eine freie Zelle, z. B. '*D9*'.
2. Eingabe der Formel:
   =ZÄHLENWENN(C1:C8;"<0")

	A	B	C		E
1	*Buch*	*Preis*	*Bestand*	*Formel in D*	*Ergebnis*
2	1	10,00	100		
3	2	20,00	- 50		
4	3	30,00	200		
5	4	40,00	300		
6	5	50,00	400		
7	1	10,00	50		
8					
9				=ZÄHLEN WENN (C1:C8;"<0")	1

Abb. 32: Beispiel-Ergebnis

2.5 Wenn

=WENN(Prüfkriterium;DANN-Wert;SONST-Wert)

- Wahrheitsprüfungen
- DANN - wenn WAHR
- SONST - wenn FALSCH

Beispiel: Wenn der Wert in der Zelle 'A' größer als 150 ist, soll eine Gutschrift ausgewiesen werden.

1. Mausklick (links) in eine freie Zelle, z. B. '*B1*'.
2. Eingabe der Formel: =WENN(A:A>150;"Gutschrift";"")
3. Mausklick (links) auf das Ausfüllkästchen unten rechts (kleines schwarzes Quadrat).
4. Linke Maustaste gedrückt halten und Markierung über die anschließenden Felder solange weiterziehen, wie in Spalte '*A*' Werte enthalten sind.
5. Maustaste loslassen.

	A	B	C
1	*Wert*	*Formel*	*Ergebnis*
2	250	=WENN(A1:A2>150; "Gutschrift";"")	Gutschrift
3	100	=WENN(A1:A2>150; "Gutschrift";"")	

Abb. 33: Beispiel-Ergebnis

Der 'SONST'-Wert wird ausgegeben, wenn die Wahrheitsprüfung 'FALSCH' ergibt. Damit in diesem Fall in der Zelle nicht das Wort 'FALSCH' erscheint, kann als

'SONST'-Wert bspw. "" (zwei Hochkommata ohne Leerschritt) gesetzt werden. Natürlich kann als 'SONST'-Wert auch ein zuvor definierter Text ausgewiesen werden.

<u>Tipp</u> 1: WENN mit einer Bedingung

<u>Beispiel</u>: Wenn eine Rechnung den Wert 100 € in der Zelle '*C4*' übersteigt, erhält der Kunde 5 % Rabatt.

1. Mausklick (links) in eine freie Zelle, z. B. '*D4*'.
2. Eingabe der Formel:
   =WENN(C4>100;C4-(C4*5%);C4)

	A	B	C		D
1	*Buch*	*Anzahl*	*Preis*	*Formel in D*	*Ergebnis*
2	1	2	10,00		
3	2	5	20,00		
4		Gesamt	120,00	=WENN (C4>100;C4-(C4*5%);C4)	114

Abb. 34: Beispiel-Ergebnis

Tipp 2: WENN mit einer Bedingung und einem Sonst-Wert

Beispiel: Wenn eine Rechnung den Wert 100 € in der Zelle '*C4*' übersteigt, erhält der Kunde 5 % Rabatt, sonst 1 %.

1. Mausklick (links) in eine freie Zelle, z. B. '*D4*'.
2. Eingabe der Formel:
   =WENN(C4>100;C4-(C4*5%);C4-(C4*1%))

	A	B	C		D
1	*Buch*	*Anzahl*	*Preis*	*Formel in D*	*Ergebnis*
2	1	0	10,00		
3	2	5	20,00		
4		Gesamt	100,00	=WENN (C4>100; C4-(C4*5%); C4-(C4*1%))	99

Abb. 35: Beispiel-Ergebnis

Tipp 3: WENN mit zwei Bedingungen

Beispiel: Wenn eine Rechnung den Wert 100 € in der Zelle '*C4*' übersteigt, erhält der Kunde 5 % Rabatt. Sofern die Rechnung den Wert 150 € in der Zelle '*C4*' übersteigt, erhält der Kunde 10 % Rabatt.

1. Mausklick (links) in eine freie Zelle, z. B. '*D4*'.
2. Eingabe der Formel: =WENN(C4>300;C4-(C4*10%);WENN(C4>150;C4-(C4*5%);C4))

	A	B	C		D
1	*Buch*	*Anzahl*	*Preis*	*Formel in D*	*Ergebnis*
2	1	11	10,00		
3	2	10	20,00		
4		Gesamt	310,00	=WENN (C4>300; C4-(C4*10%); WENN (C4>150; C4-(C4*5%); C4))	279

Abb. 36: Beispiel-Ergebnis

Hinweis: Beim Formelaufbau ist stets mit dem größeren Wert zu beginnen, da sonst mit der Bedingung 1 auch die Bedingung 2 erfüllt wäre.

Tipp 4: WENN mit einer Bedingung und einer UND-Verknüpfung

Beispiel: Wenn die Stornoquote eines Vermittlers in der Zelle '*B4*' weniger als 10.000 € beträgt und der Zuwachs in der Zelle '*C4*' größer als 20.000 € ist, soll der Vermittler zusätzlich an der Gewinnausschüttung des Unternehmens beteiligt werden.

1. Mausklick (links) in eine freie Zelle, z. B. '*D4*'.
2. Eingabe der Formel:
   =WENN(UND(B4<10000;C4>20000);"ja";"nein")

	A	B	C		D
1	*Monat*	*Storno*	*Zuwachs*	*Formel in D*	*Ergebnis*
2	01	5.000	10.000		
3	02	4.000	20.000		
4	Gesamt	9.000	30.000	=WENN(UND (B4<10000; C4>20000); "ja";"nein")	ja

Abb. 37: Beispiel-Ergebnis

Tipp 5: WENN mit zwei Bedingungen und einer UND-Verknüpfung

Beispiel: Wenn die Stornoquote eines Vermittlers in der Zelle '*B4*' weniger als 10.000 € beträgt und der Zuwachs in der Zelle '*C4*' größer als 20.000 € ist sowie der letzte Monat größer als 02 (Februar) ist, soll der Vermittler zusätzlich an der Gewinnausschüttung des Unternehmens beteiligt werden.

1. Mausklick (links) in eine freie Zelle, z. B. '*D4*'.
2. Eingabe der Formel: =WENN(UND(B4<10000; C4>20000;A4>02);"ja";"nein")

	A	B	C		D
1	*Monat*	*Storno*	*Zuwachs*	*Formel in D*	*Ergebnis*
2	01	5.000	10.000		
3	02	4.000	20.000		
4	03	9.000	30.000	=WENN(UND (B4<10000; C4>20000); A4>02); "ja";"nein")	ja

Abb. 38: Beispiel-Ergebnis

Hinweis: Es lassen sich stets mehrere Bedingungen (mit Semikolon getrennt) verknüpfen. Wenn mindestens eine Bedingung nicht erfüllt ist, wird 'Nein' ausgegeben.

Tipp 6: WENN mit einer Bedingung und einer ODER-Verknüpfung

Beispiel: Wenn die Stornoquote eines Vermittlers in der Zelle '*B4*' weniger als 10.000 € beträgt oder der Zuwachs in der Zelle '*C4*' größer als 20.000 € ist, soll der Vermittler zusätzlich an der Gewinnausschüttung des Unternehmens beteiligt werden.

1. Mausklick (links) in eine freie Zelle, z. B. '*D4*'.
2. Eingabe der Formel: =WENN(ODER (B4<10000;C4>20000);"ja";"nein")

	A	B	C		D
1	*Monat*	*Storno*	*Zuwachs*	*Formel in D*	*Ergebnis*
2	01	5.000	10.000		
3	02	4.000	20.000		
4	Gesamt	9.000	30.000	=WENN(ODER (B4<10000; C4>20000); "ja";"nein")	ja

Abb. 39: Beispiel-Ergebnis

2.6 Quersumme

Eine Quersumme wird durch das Zusammenzählen der einzelnen Ziffern einer mehrstelligen Zahl gebildet.

Beispiel: In der Zelle '*A1*' befindet sich eine mehrstellige Zahl, z. B. *123456*, von welcher die Quersumme ermittelt werden soll.

1. Mausklick (links) in eine freie Zelle, z. B. '*B1*'.
2. Eingabe der Formel:
   =LINKS(A1;1)+WENN(LÄNGE(A1)>1;
   TEIL(A1;2;1);0)
   +WENN(LÄNGE(A1)>2;TEIL(A1;3;1);*0)
   +WENN(LÄNGE(A1)>3;TEIL(A1;4;1);*0)
   +WENN(LÄNGE(A1)>4;TEIL(A1;5;1);0)
   +WENN(LÄNGE(A1)>5;TEIL(A1;6;1);0)

   Ergebnis: 21

Hinweis: Gemäß der Formel werden die Ziffern der Zelle 'A1' addiert. Im vorliegenden Beispiel kann die Formel eine Quersumme von einer Zahl mit bis zu sechs Stellen errechnen. Die Formel kann jedoch entsprechend der Bedürfnisse angepasst werden.

2.7 Trigonomie

Tipp 1: Sinus( )

Beispiel: In der Zelle '*A1*' sind 45 gegeben. Davon soll der Sinus berechnet werden.

1. Mausklick (links) in eine freie Zelle, z. B. '*B1*'.
2. Eingabe der Formel: =SIN(45)

   Ergebnis: 0,850903524534118

Tipp 2: Kosinus( )

Beispiel: In der Zelle '*A1*' sind 45 gegeben. Davon soll der Kosinus berechnet werden.

1. Mausklick (links) in eine freie Zelle, z. B. '*B1*'.
2. Eingabe der Formel: =COS(45)

   Ergebnis: 0,52532198881773

Tipp 3: Tangens( )

Beispiel: In der Zelle '*A1*' sind 45 gegeben. Davon soll der Tangens berechnet werden.

1. Mausklick (links) in eine freie Zelle, z. B. '*B1*'.
2. Eingabe der Formel: =TAN(45)

   Ergebnis: 1,61977519054386

Mit nachstehenden Schritten können noch weitere Funktionen aufgerufen werden:

1. Mausklick (links) in eine freie Zelle, z. B. '*B1*'.
2. In der Menüleiste auswählen: '*Formeln*' → '*Funktion einfügen*'.
3. Im Feld '*Kategorie auswählen*' Auswahl des Eintrages '*Math. & Trigonom.*'.
4. Im Feld '*Funktion auswählen*' Auswahl der gewünschten Funktion.
5. Mausklick (links) auf die Schaltfläche '*OK*'.
6. In dem sich öffnenden Dialogfenster – falls erforderlich - benötigte Argumente eingeben.
7. Mausklick (links) auf die Schaltfläche '*OK*'.

2.8 Mittelwert und Median

=MITTELWERT( )

=MITTELWERT(Zelle:Zelle)

=MITTELWERT(Zahl1;Zahl2;Zahl3;…)

=MEDIAN( )

=MEDIAN(Zahl1;Zahl2;Zahl3;…)

Bei den Funktionen
=MITTELWERT( ) bzw. *=MEDIAN( )*
werden Zellen, die den Wert '*0*' enthalten, bei den Berechnungen mit einbezogen. Leere Zellen werden hingegen ignoriert.

Der MEDIAN ermittelt die Zahl, die in der Mitte einer Zahlenreihe liegt. Sofern die Zahlenreihe aus einer geraden Anzahl von Zahlen besteht, ermittelt der MEDIAN den Mittelwert aus den beiden mittleren Zahlen.

<u>Tipp</u> 1: Mittelwert inklusive '0'-Werte berechnen

<u>Beispiel</u>: Mittelwert der Zellen '*C2:C4*' berechnen

1. Mausklick (links) in eine freie Zelle, z. B. '*D9*'.
2. Eingabe der Formel: =MITTELWERT(C2:C4)

	A	B	C	D	E
1	*Buch*	*Datum*	*Bestand*	*Formel in D*	*Ergebnis*
2	1	24.01.14	100		
3	2	26.02.14	- 50		
4	3	24.03.14	200		
5	4	20.05.15	300		
6	5	13.09.15	400		
7	1	30.09.15	50		
8					
9				=MITTEL WERT (C2:C4)	83,33333333

Abb. 40: Beispiel-Ergebnis

Beispiel: Mittelwert der Spalte '*C*' berechnen

1. Mausklick (links) in eine freie Zelle, z. B. '*D9*'.
2. Eingabe der Formel: =MITTELWERT(C:C)

	A	B	C	D	E
1	*Buch*	*Datum*	*Bestand*	*Formel in D*	*Ergebnis*
2	1	24.01.14	100		
3	2	26.02.14	- 50		
4	3	24.03.14	200		
5	4	20.05.15	300		
6	5	13.09.15	400		
7	1	30.09.15	50		
8			0		
9				=MITTELWERT (C:C)	142,8571429

Abb. 41: Beispiel-Ergebnis

Tipp 2: Mittelwert ohne '0'-Werte berechnen

Beispiel: Mittelwert der Spalte 'C' ohne '0'-Werte berechnen

1. Mausklick (links) in eine freie Zelle, z. B. '*D9*'.
2. Eingabe der Formel:
   =SUMME(C:C)/ZÄHLENWENN (C:C;">0")

	A	B	C	D	E
1	*Buch*	*Datum*	*Bestand*	*Formel in D*	*Ergebnis*
2	1	24.01.14	100		
3	2	26.02.14	- 50		
4	3	24.03.14	200		
5	4	20.05.15	300		
6	5	13.09.15	400		
7	1	30.09.15	50		
8			0		
9				=SUMME (C:C)/ ZÄHLEN WENN (C:C;">0")	200

Abb. 42: Beispiel-Ergebnis

Tipp 3: Mittelwert aus einer gefilterten Liste berechnen

1. Markieren der Spalten, bei denen eine AutoFilter-Funktion hinterlegt werden soll.
2. In der Menüleiste auswählen:
   'Daten' → 'Filtern'.
3. Filterung der Daten vornehmen. (Mittels Mausklick (links) auf das Listenfeld der betreffenden Spalte und Auswahl des gewünschten Kriteriums.)
4. Mausklick (links) in eine leere Zelle.
5. In der Menüleiste auswählen:
   'Formeln' → 'AutoSumme'. Excel fügt nun die Funktion =TEILERGEBNIS(9;) ein. Der Cursor blinkt hinter dem Semikolon.
6. Die '*9*' mit einer '*1*' (für Mittelwert) überschreiben.
7. Innerhalb der Klammer Eintrag des Bereichs, aus dem der Mittelwert errechnet werden soll, z. B. =TEILERGEBNIS(1;C2:C4).
8. Taste [Enter] drücken.

Hinweis: =TEILERGEBNIS(Funktion;Bezug1;…)

Es empfiehlt sich, die Ergebniszelle oberhalb der Werte zu setzen. Bei einer Erweiterung der Liste wird so die Formel nicht überschrieben.

Wenn der Bereich der zu zählenden Zellen reichlich gefasst wurde, muss dieser in der Formel bei Ergänzung der Liste unter Umständen nicht angepasst werden.

Das Argument '*1*' für '*Teilergebnis*' ergibt sich aus folgender Codierung der Abb. 7:

mit Einbezug von ausgeblendeten Werten		**ohne Einbezug von ausgeblendeten Werten**	
Code	**Funktion**	**Code**	**Funktion**
1	=Mittelwert	101	= Mittelwert
2	=Anzahl	102	= Anzahl
3	=Anzahl2	103	=Anzahl2
4	=Max	104	=Max
5	=Min	105	=Min
6	=Produkt	106	=Produkt
7	=Stab.w	107	=Stabw
8	=Stabw.n	108	=Stabwn
9	=Summe	109	=Summe
10	=Var.s	110	=Varianz
11	=Var.p	111	=Varianzen

Tipp 4: Median berechnen

Sofern den extrem abweichenden Werten nur eine schwache Bedeutung zugemessen werden soll, kann statt der Funktion =*MITTELWERT( )* die Funktion =*MEDIAN( )* verwendet werden.

Beispiel: Median der Zellen '*C2:C8*' berechnen

1. Mausklick (links) in eine freie Zelle, z. B. '*D9*'.
2. Eingabe der Formel: =MEDIAN(C2:C8)

	A	B	C	D	E
1	*Buch*	*Datum*	*Bestand*	*Formel in D*	*Ergebnis*
2	1	24.01.04	100		
3	2	26.02.04	- 50000		
4	3	05.12.04	200		
5	4	07.05.05	300		
6	5	21.06.05	400		
7	1	01.07.05	50		
8			0		
9				=MEDIAN (C2:C8)	100

Abb. 43: Beispiel-Ergebnis

2.9 Prozentrechnung

Um eine korrekte Darstellung und Berechnung von Prozentwerten zu erzielen, sollte – wie in nachstehenden Schritten beschrieben - die Option 'Automatische Prozentwerteingabe' aktiviert sein.

1. In der Menüleiste auswählen:
   '*Datei*' → '*Optionen*' → '*Erweitert*'.
2. Im Anschnitt '*Bearbeitungsoptionen*' mittels Mausklick (links): Deaktivieren '*Automatische Prozentwerteingabe aktivieren*'.
3. Mausklick (links) auf die Schaltfläche '*OK*'.

Tipp 1: x Prozent von y berechnen

Beispiel: 5 % von 150

1. Mausklick (links) in eine freie Zelle, z. B. '*B1*'.
2. Eingabe der Formel: =5%*150

   Ergebnis: 7,5

Tipp 2: x Prozent von y subtrahieren

Beispiel: In der Zelle '*A1*' befindet sich der Wert 150. Von diesem sollen 5 % subtrahiert werden.

1. Mausklick (links) in eine freie Zelle, z. B. '*B1*'.
2. Eingabe der Formel: =A1-(A1*5%)

   Ergebnis: 7,5

Tipp 3: Anteil am Gesamtwert in Prozent

Beispiel: Anteil am Gesamtwert berechnen

	A	B	C	D	E
1	*Buch*	*Datum*	*Bestand*	*Formel in D*	*Ergebnis*
2	1	24.01.14	100	=C2/$C$8	7 %
3	2	26.02.14	500	=C3/$C$8	33 %
4	3	24.03.14	200	=C4/$C$8	13 %
5	4	20.05.15	300	=C5/$C$8	20 %
6	5	13.09.15	400	=C6/$C$8	27 %
7	1	30.09.15	50	=C7/$C$8	3 %
8					
9		Gesamt	1500		

Abb. 44: Beispiel-Ergebnis

1. Mausklick (links) in eine freie Zelle, z. B. '*D2*'.
2. Eingabe der Formel: =C2/$C$9 *Es wird eine Dezimalzahl angezeigt.*
3. Markieren der Ergebniszelle(n).
4. In der Menüleiste: Mausklick (links) auf '*Start*' und anschließend auf das Symbol '*Prozentformat*'. *Dadurch wird die Dezimalzahl mit 100 multipliziert und das %-Zeichen hinzugefügt.*
5. Sofern die Prozentzahl mit einer anderen Nachkommastellenanzahl ausgewiesen werden soll: Markieren der betreffenden Ergebniszellen.
6. Mausklick (rechts).
7. In dem sich öffnenden Kontextmenü: Mausklick (links) auf '*Zellen formatieren...*'.

8. In dem sich öffnenden Dialogfenster: Auswählen der Registerkarte '*Zahlen*'.
9. Im Feld '*Kategorie*' Auswahl des Eintrages '*Prozent*'.
10. Im Feld '*Dezimalstellen*' Auswahl der gewünschten Anzahl an Nachkommastellen.
11. Mausklick (links) auf die Schaltfläche '*OK*'.

2.10 Runden

=RUNDEN( )

=RUNDEN (Zahl;Anzahl_Nachkommastellen)

Zahl

= die Zahl, die auf- oder abgerundet werden soll

Anzahl_Nachkommastellen

= die Anzahl der Dezimalstellen, auf die die Zahl auf- oder abgerundet werden soll

Gemäß der Rundungsregeln wird auf die angegebene Anzahl an Nachkommastellen entweder auf- (ab 5) oder abgerundet (bis 4).

Tipp 1: Runden einer Zahl

Beispiel: Runden der Zahl 1,234 auf 2 Nachkommastellen

1. Mausklick (links) in eine freie Zelle, z. B. '*B1*'.
2. Eingabe der Formel: =RUNDEN(1,234;2)

   Ergebnis: 1,23

Sofern als Zellformat ein Zahlenformat eingestellt wurde, welches die Anzahl der Dezimalstellen nach dem Komma begrenzt, verwendet die Funktion '*Runden*' im Hintergrund dennoch die komplette Anzahl der Stellen.

Tipp 2: Runden mit Anzahl_Nachkommastellen > 0

Beispiel: Runden der Zahl 1,25 auf eine Nachkommastelle

1. Mausklick (links) in eine freie Zelle, z. B. '*B1*'.
2. Eingabe der Formel: =RUNDEN(1,25;1)

   Ergebnis: 1,3

Um bei Berechnungen mit Geldbeträgen bspw. bei der Division Cent-Differenzen zu vermeiden, empfiehlt sich die Nutzung der Funktionalität '*Runden*'.

<u>Beispiel</u>: Division der Zahl 50 durch die Zahl 1,7 mit Verknüpfung zur Funktion '*Runden*'

1. Mausklick (links) in eine freie Zelle, z. B. '*B1*'.
2. Eingabe der Formel: =RUNDEN(50/1,7;2)

   Ergebnis: 29,41

<u>Tipp</u> 3: Runden mit Anzahl_Nachkommastellen = 0

Eine Zahl wird auf die nächste ganze Zahl gerundet.

<u>Beispiel</u>: Runden der Zahl 1,25 auf eine ganze Zahl

1. Mausklick (links) in eine freie Zelle, z. B. '*B1*'.
2. Eingabe der Formel: =RUNDEN(1,25;0)

   Ergebnis: 1

<u>Tipp</u> 4: Runden mit Anzahl_Nachkommastellen < 0

Der links vom Dezimalzeichen stehende Teil einer Zahl wird gerundet.

<u>Beispiel</u>: Runden der Zahl 1111,25

1. Mausklick (links) in eine freie Zelle, z. B. '*B1*'.
2. Eingabe der Formel: =RUNDEN(1111,25;-2)

   Ergebnis: 1100

Bei der Eingabe der Nachkommastellenanzahl in der Formel sind folgende Rundungsregeln zu beachten:

- 1 Runden auf eine Stelle nach dem Komma
- 0 Runden auf volle Euro
- -2 Runden auf volle 100 Euro
- -3 Runden auf volle 1.000 Euro

<u>Tipp</u> **5: Abweichende Rundungsregeln**

<u>Beispiel</u>: Die Zelle '*A1*' beinhaltet die Benotung. Alle Werte bis ,5 sollen die niedrigere Note ergeben und alle Werte ab ,6 sollen die nächste höhere Note ergeben.

1. Mausklick (links) in eine freie Zelle, z. B. '*B1*'.
2. Eingabe der Formel: =WENN(REST(A2;1)>0,5; GANZZAHL(A2/1)+1;GANZZAHL(A2/1))

2.10.1 Aufrunden

=AUFRUNDEN( )

=AUFRUNDEN(Zahl;Anzahl_Nachkommastellen)

Eine Zahl wird auf die angegebene Anzahl an Nachkommastellen aufgerundet. Im Unterschied zu der Funktion '*RUNDEN*' wird bei der Funktion '*AUFRUNDEN*' immer aufgerundet.

<u>Beispiel</u>: Die Zahl in der Zelle '*A1*' soll mit 3 Nachkommastellen aufgerundet werden.

1. Eingabe der aufzurundenden Zahl in die Zelle '*A1*', z. B. 123,4567
2. Mausklick (links) in eine freie Zelle, z. B. '*B1*'.
3. Eingabe der Formel: =AUFRUNDEN(A1;3)

   Ergebnis: 123,457

<u>Beispiel</u>: Aufrunden der Zahl in der Zelle '*A1*' auf 0,25 (z. B. 3,1234)

1. Mausklick (links) in eine freie Zelle, z. B. '*B1*'.
2. Eingabe der Formel: =AUFRUNDEN(A1/0,25;0)*0,25

   Ergebnis: 3,25

<u>Beispiel</u>: Runden der Zahl in der Zelle '*A1*' auf 0,05 (z. B. 1,44)

Variante 1:

1. Mausklick (links) in eine freie Zelle, z. B. '*B1*'.
2. Eingabe der Formel: =RUNDEN(A1*2;1)/2

   Ergebnis: 1,45

   <u>Erläuterung zu der Formel</u>:

   Zuerst wird der zu rundende Wert verdoppelt (1,44 * 2 = 2,88). Das Ergebnis wird auf eine ganze Stelle gerundet (2,88 = 2,90). Abschließend wird der gerundete Wert durch 2 geteilt (2,90 / 2 = 1,45).

   Statt der Zellenangabe kann auch die zu rundende Zahl oder eine in Klammern gesetzte Formelberechnung angegeben werden.

Variante 2: =RUNDEN(Zahl*20;0)/20

1. Mausklick (links) in eine freie Zelle, z. B. '*B1*'.
2. Eingabe der Formel: =Runden(A1*20;0)/20

   Ergebnis: 1,45

Erläuterung zu der Formel:

Zuerst wird der zu rundende Wert mit 20 multipliziert. Das Ergebnis wird ohne Nachkommastellen durch 20 dividiert.

Der Wert '20' ergibt sich daraus, dass der zwanzigste Teil von 100 = 5 ist.

Beispiel: Runden der Zahl in der Zelle '*A1*' auf 0,10 (z. B. aus 1,45)

=RUNDEN(Zahl/10;Anzahl_Nachkommastellen)*10

1. Mausklick (links) in eine freie Zelle, z. B. '*B1*'.
2. Eingabe der Formel: =RUNDEN(A1/10;2)*10

   Ergebnis: 1,50

Beispiel: Summieren der Zahlen aus den Zellen '*A1*' bis '*A3*' und Runden auf 0,10

=RUNDEN(SUMME(Zelle:Zelle)/10;Anzahl_Nachkommastellen)*10

1. Mausklick (links) in eine freie Zelle, z. B. '*B1*'.
2. Eingabe der Formel:
   =RUNDEN(SUMME(A1:A3)/10;2)*10

Beispiel: Summieren der Zahlen aus den Zellen '*A1*' bis '*A3*' und Runden auf eine ganze Zahl

1. Mausklick (links) in eine freie Zelle, z. B. '*B1*'.
2. Eingabe der Formel:
   =RUNDEN(SUMME(A1:A3);0)

Beispiel: Runden einer Zahl auf die nächste gerade Zahl (z. B. von 2,2345)

1. Mausklick (links) in eine freie Zelle, z. B. '*B1*'.
2. Eingabe der Formel: =GERADE(2,2345)

   Ergebnis: 4

Beispiel: Runden einer Zahl auf die nächste ungerade Zahl (z. B. von 1,2345)

1. Mausklick (links) in eine freie Zelle, z. B. '*B1*'.
2. Eingabe der Formel: =UNGERADE(1,2345)

   Ergebnis: 3

2.10.2 Abrunden

=ABRUNDEN( )

=ABRUNDEN(Zahl;Anzahl_Nachkommastellen)

Eine Zahl wird stets auf die angegebene Anzahl der Nachkommastellen abgerundet.

Im Unterschied zu der Funktion '*RUNDEN*' wird beim '*ABRUNDEN*' immer abgerundet.

Beispiel: Die Zahl in der Zelle '*A1*' soll mit drei Nachkommastellen abgerundet werden.

1. Eingabe der abzurundenden Zahl in die Zelle '*A1*', z. B. 123,4567
2. Mausklick (links) in eine freie Zelle, z. B. '*B1*'.
3. Eingabe der Formel: =ABRUNDEN(A1;3)

   Ergebnis: 123,456

2.10.3 Ganzzahl

=GANZZAHL( )

=GANZZAHL(Zahl)

Eine Zahl wird auf die nächst kleinere ganze Zahl abgerundet.

Beispiel: Abrunden der Zahl 1,2 auf die nächst kleinere ganze Zahl

1. Mausklick (links) in eine freie Zelle, z. B. '*B1*'.
2. Eingabe der Formel: =GANZZAHL(1,2)

   Ergebnis: 1

Beispiel: Abrunden der Zahl -1,2 auf die nächst kleinere ganze Zahl

1. Mausklick (links) in eine freie Zelle, z. B. '*B1*'.
2. Eingabe der Formel: =GANZZAHL(-1,2)

   Ergebnis: -2

Beispiel: Den Dezimalteil einer Zahl aus der Zelle '*A1*' ermitteln (z. B. 1,2345)

1. Mausklick (links) in eine freie Zelle, z. B. '*B1*'.
2. Eingabe der Formel: =A1-GANZZAHL(A1)

   Ergebnis: 0,2345

2.10.4 VRUNDEN

=VRUNDEN( )

Beispiel: Runden auf das nächste erreichbare ganzzahlige Vielfache von zwei Zahlen

1. Mausklick (links) in eine freie Zelle, z. B. '*B1*'.
2. Eingabe der Formel: =VRUNDEN(11;7)

   Ergebnis: 14

Beispiel: Runden einer Zahl auf 0,05 (z. B. 1,26)

1. Mausklick (links) in eine freie Zelle, z. B. '*B1*'.
2. Eingabe der Formel: =VRUNDEN(1,26;0,05)

   Ergebnis: 1,25

2.10.5 Rundungsregeln bei Währungen

Geldbeträge sind erst in die gewünschte Währung umzurechnen und anschließend kaufmännisch zu runden, d.h. ab 5 = aufgerundet / bis 4 = abgerundet. Dabei ist die dritte Nachkommastelle maßgebend.

Beispiel: 10 DM in EUR umrechnen und auf 2 Nachkommastellen runden (Umrechnungsfaktor: 1,95583)

1. Mausklick (links) in eine freie Zelle, z. B. '*A1*'.
2. Eingabe des umzurechnenden Betrages.
3. Mausklick (links) in eine freie Zelle, z. B. '*B1*'.
4. Eingabe des Umrechnungsfaktors.
5. Mausklick (links) in eine freie Zelle, z. B. '*C1*'.
6. Eingabe der Formel: =RUNDEN(A1/$B$1;2)

   Ergebnis: 5,11 (10 DM = 5,1129188 €)

Erläuterung zur Formel:

=RUNDEN(Zahl;Anzahl_Nachkommastellen)

Zuerst wird der Betrag umgerechnet und anschließend gerundet. Entsprechend der Vorgabe wird die Anzahl an Nachkommastellen ausgewiesen.

Sofern die Zahlen durch die Anzeige verkürzt dargestellt werden, rechnet Excel dennoch mit allen Nachkommastellen (max. 13) weiter.

2.11 Kürzen

=KÜRZEN( )

=KÜRZEN(Zahl)

Mit der Funktionalität '*KÜRZEN*' werden einer Zahl die Nachkommastellen abgeschnitten.

1. Mausklick (links) in eine freie Zelle, z. B. '*B1*'.
2. Eingabe der Formel: =KÜRZEN(1,2)

   Ergebnis: 1

2.12 Darstellen von Brüchen

Variante 1:

1. Markieren der betreffenden Zelle(n).
2. Mausklick (rechts).
3. In dem sich öffnenden Kontextmenü: Mausklick (links) auf '*Zellen formatieren...*'.
4. In dem sich öffnenden Dialogfenster: Auswählen der Registerkarte '*Zahlen*'.
5. Im Feld '*Kategorie*' Auswahl des Eintrages '*Bruch*'.
6. Im Feld '*Typ*' Auswahl des gewünschten Formats, bspw. '*Einstellig (1/4)*'.
7. Mausklick (links) auf die Schaltfläche '*OK*'.

Variante 2:

1. Markieren der betreffenden Zelle(n).
2. Mausklick (rechts).
3. In dem sich öffnenden Kontextmenü: Mausklick (links) auf '*Zellen formatieren...*'.
4. In dem sich öffnenden Dialogfenster: Auswählen der Registerkarte '*Zahlen*'.
5. Im Feld '*Kategorie*' Auswahl des Eintrages '*Benutzerdefiniert*'.
6. Im Feld '*Typ*' Eingabe: ?/?.
7. Mausklick (links) auf die Schaltfläche '*OK*'.

2.13 Wurzel

Beispiel: Wurzel aus 10

1. Mausklick (links) in eine freie Zelle, z. B. '*B1*'.
2. Eingabe der Formel: =WURZEL(10)

   Ergebnis: 3,16227766

2.14 Potenz

Beispiel: 2. Potenz von 3

1. Mausklick (links) in eine freie Zelle, z. B. '*B1*'.
2. Eingabe der Formel: =POTENZ(3;2)

   Ergebnis: 9

2.15 Fakultät

Beispiel: Berechnung von 1x2x3x4x5

1. Mausklick (links) in eine freie Zelle, z. B. '*B1*'.
2. Eingabe der Formel: =FAKULTÄT(5)

   Ergebnis: 120

2.16 VERWEISE

Verweisfunktionen treten in folgenden drei unterschiedlichen Varianten auf:

=VERWEIS( )
=SVERWEIS( )
=WVERWEIS( )

Alle Verweisfunktionen haben die Aufgabe, eine Zahl in Abhängigkeit zu einer anderen zu finden.

2.16.1 VERWEIS

=VERWEIS(Wert;Bereich)

Beispiel: Zum '*Buch 5*' soll automatisch die zugehörige '*Bestell-Nr. 5678*' ausgewiesen werden

1. In die Zelle '*A1*' Eingabe des Buchtitels, zu welchem die Bestellnummer gesucht wird.
2. In die Zelle '*A2*' Eingabe der Formel: =VERWEIS(A1;A4:E5)

	A	B	C	D	E
1	*Buch 5*	*Artikel*			
2	5678	*Bestell-Nr.*			
3					
4	Buch 1	Buch 2	Buch 3	Buch 4	Buch 5
5	1234	2345	3456	4567	5678

Abb. 45: Beispiel-Ergebnis

Hinweis: Der Ausgangswert muss in der ersten Zeile / oder ersten Spalte stehen und der dazugehörige Wert in der letzten Zeile / oder letzten Spalte.

Die Funktion VERWEIS( ) kann nur aufsteigend sortierte Bereiche auswerten. Sofern keine Sortierung möglich ist, steht die Funktion SVERWEIS( ) zur Verfügung.

2.16.2 SVERWEIS

Mit der Funktion '*SVERWEIS*' wird die erste Spalte nach einem bestimmten Wert durchsucht. Sobald dieser Wert gefunden wurde, durchläuft die Funktion die Zeile nach rechts, um einen bestimmten Wert der Zeile zuzuordnen.

=SVERWEIS(Suchkriterium;Suchbereich;Spaltenindex;0 oder 1)

Suchkriterium

= Wert nach dem gesucht wird (Zelle, Zahl oder Zeichenfolge)

Suchbereich

= Bereich, in dem gemäß dem Suchkriterium gesucht wird

Spaltenindex

= Spalte, in welcher der gesuchte Wert steht (1 = Spalte A, 2 = Spalte B, …)

Ziffer '0' bzw. 'FALSCH'

= Vorgabe, dass der exakte Wert ausgegeben werden soll. Sofern der exakte Wert nicht vorkommt, wird eine Fehlermeldung '*#NV*' ausgegeben.

Ziffer '1' bzw. 'WAHR'

= Vorgabe, dass der exakte Wert ausgegeben werden soll. Sofern der exakte Wert nicht vorkommt, wird der nächste kleinere Wert ausgegeben.

Tipp 1: Mit SVERWEIS automatisch Werte zuordnen

	A	B	C
1	1234	Buch 1	Verlag A
2	2345	Buch 2	Verlag B
3	3456	Buch 3	Verlag C
4	4567	Buch 4	Verlag D
5	5678	Buch 5	Verlag E
6			
7	3456	Buch 3	Verlag C

Abb. 46: Beispiel-Ergebnis

Beispiel: Zur angegebenen Bestellnummer in der Zelle '*A7*' den Verlag ausweisen

1. Mausklick (links) in eine freie Zelle, z. B. '*B7*'.
2. Eingabe der Formel:
   =SVERWEIS(A7;A1:C5;3;WAHR)

Beispiel: Zur angegebenen Bestellnummer in der Zelle '*A7*' den Titel ausweisen

1. Mausklick (links) in eine freie Zelle, z. B. '*B7*'.
2. Eingabe der Formel:
   =SVERWEIS(A7;A1:C5;2;WAHR)

Sofern sich die Funktion und die zugehörige Verweistabelle auf unterschiedlichen Tabellenblättern befinden, könnte Excel bei aktivierter Funktion 'Alternative Formelberechnung' einen falschen Wert ausgeben. Deshalb empfiehlt sich, die genannte Option vor der Anwendung der 'SVERWEIS'-Funktion wie folgt zu deaktivieren.

1. Öffnen des Tabellenblattes mit der Verweistabelle.
2. In der Menüleiste auswählen:
   '*Datei*' → '*Optionen*' → '*Erweitert*'.
3. Im Abschnitt '*Lotus-Kompatibilitätseinstellungen*' mittels Mausklick (links): Deaktivieren '*Alternative Formelberechnung*'.
4. Mausklick (links) auf die Schaltfläche '*OK*'.

2.16.3 WVERWEIS

Sofern die Werte nicht nach Spalten, sondern zeilenweise aufgeteilt wurden, kann die Funktion '*WVERWEIS*' verwendet werden.

	A	B	C
1	Buch 1	Buch 2	Buch 3
2	Verlag 1	Verlag 2	Verlag 3
3	1234	2345	3456
4			
5			
6			
7	Buch 2	2345	

Abb. 47: Beispiel-Ergebnis

Beispiel: Zum angegebenen Titel in der Zelle '*A7*' die Bestellnummer ausweisen

1. Mausklick (links) in eine freie Zelle, z. B. '*B7*'.
2. Eingabe der Formel:
   =WVERWEIS(A7;A1:C5;3;0)

Erläuterung zur Formel:
A7 = Suchkriterium
A1:C3 = darin steht der auszugebende Wert
3 = Wert der 3. Zeile ist auszugeben
0 = Vorgabe zur genauen Suche

2.17 INDEX und VERGLEICH

=INDEX( )

=VERGLEICH( )

=INDEX(Suchbereich;
VERGLEICH(SUCHKRITERIUM 1;
Suchbereich 1;0 oder 1);
VERGLEICH(Suchkriterium 2;Suchbereich 2;0 oder 1)

Beispiel: In der Zelle '*C1*' soll der Titel zur Bestellnummer aus der Zelle '*A7*' ausgegeben werden.

	A	B	C
1	Buch 1	1234	Buch 2
2	Buch 2	2345	
3	Buch 3	3456	
4	Buch 4	4567	
5	Buch 5	5678	
6			
7	2345		

Abb. 48: Beispiel-Ergebnis

1. Mausklick (links) in die Zelle '*C1*'.
2. Eingabe der Formel: =INDEX(A1:A5;VERGLEICH(A7;B1:B5;0))

Erläuterung zur Formel:
A1:A5 = darin steht der auszugebende Wert
A7 = Suchkriterium
B1:B5 = darin ist das Suchkriterium enthalten
0 = Vorgabe für Excel, dass der erste gefundene Wert ausgewiesen werden soll

2.18 Konvertierung

Tipp 1: Konvertierung von Klein- in Großbuchstaben

=GROSS(Zelle)

Beispiel: Das Wort '*beispiel*' aus der Zelle '*A1*' soll in Großbuchstaben konvertiert werden.

1. Mausklick (links) in eine freie Zelle, z. B. '*B1*'.
2. Eingabe der Formel: =GROSS(A1)

   Ergebnis: BEISPIEL

Tipp 2: Konvertierung von arabischen in römische Zahlen

=RÖMISCH(Zelle)

Beispiel: Die Zahl '*15*' aus der Zelle '*A1*' soll in die römische Zahl '*XV*' konvertiert werden.

1. Mausklick (links) in eine freie Zelle, z. B. '*B1*'.
2. Eingabe der Formel: =RÖMISCH(A1)

   Ergebnis: XV

2.19 Zeichenkettenfunktionen

Tipp 1: Teilweise Wiedergabe von Zellinhalten (links beginnend)

=LINKS(Zelle;Anzahl der Zeichen)

Beispiel: In der Zelle '*A1*' steht der Text '*Beispiel – Excel*'. Dieser soll teilweise wiedergegeben werden.

1. Mausklick (links) in eine freie Zelle, z. B. '*B1*'.
2. Eingabe der Formel: =LINKS(A1;8)

   Ergebnis: Beispiel

Tipp 2: Teilweise Wiedergabe von Zellinhalten (rechts beginnend)

=RECHTS(Zelle;Anzahl der Zeichen)

Beispiel: In der Zelle '*A1*' steht der Text '*Beispiel – Excel*'. Dieser soll teilweise wiedergegeben werden.

1. Mausklick (links) in eine freie Zelle, z. B. '*B1*'.
2. Eingabe der Formel: =RECHTS(A1;5)

   Ergebnis: Excel

Tipp 3: Teilweise Wiedergabe von Zellinhalten (bestimmte Zeichenstelle)

=TEIL(Zelle;Stelle;Anzahl der Zeichen)

Beispiel: In der Zelle '*A1*' steht der Text '*Beispiel – Excel*'. Dieser soll teilweise wiedergegeben werden.

1. Mausklick (links) in eine freie Zelle, z. B. '*B1*'.
2. Eingabe der Formel: =TEIL(A1;10;1)

   Ergebnis: -

Tipp 4: Wiederholen von Zeichenketten

=WIEDERHOLEN(Zelle;Anzahl)

Beispiel: In der Zelle '*A1*' steht der Text '*Beispiel*'. Dieser soll dreimal wiederholt werden.

1. Mausklick (links) in eine freie Zelle, z. B. '*B1*'.
2. Eingabe der Formel: =WIEDERHOLEN(A1;3)

   Ergebnis: BeispielBeispielBeispiel

Tipp 5: Daten trennen – von links ausgehend

Beispiel: In der Zelle '*A1*' steht der Text '*Beispiel – Excel*'. Dieser soll von links ausgehend getrennt werden.

Variante 1:

1. Mausklick (links) in eine freie Zelle, z. B. '*B1*'.
2. Eingabe der Formel: =LINKS(A1;FINDEN(" ";A1))

   Ergebnis: Beispiel

Variante 2:

1. Mausklick (links) in eine freie Zelle, z. B. '*B1*'.
2. Eingabe der Formel:
   =LINKS(A1;(SUCHEN(" ";A1)))

   Ergebnis: Beispiel

<u>Tipp</u> 6: Daten trennen – von rechts ausgehend

<u>Beispiel</u>: In der Zelle '*A1*' steht der Text '*Beispiel – Excel*'. Dieser soll von rechts ausgehend getrennt werden.

Variante 1:

1. Mausklick (links) in eine freie Zelle, z. B. '*B1*'.
2. Eingabe der Formel:
   =RECHTS(A1;FINDEN(" ";A1))

   Ergebnis: l - Excel

Variante 2:

1. Mausklick (links) in eine freie Zelle, z. B. '*B1*'.
2. Eingabe der Formel:
   =RECHTS(A1;LÄNGE(A1)-(SUCHEN(" ";A1)))

   Ergebnis: - Excel

2.20 Aggregatfunktionen

2.20.1 Minimum

=MIN(Bereich)

Die Funktion ermittelt den kleinsten Wert eines Bereichs.

Beispiel: Minimum der Zahlen aus der Spalte '*A*'

Variante 1:

1. Mausklick (links) in eine freie Zelle, z.B. '*B1*'.
2. Eingabe der Formel: {=MIN(WENN(A1:A10<>0;A1:A10))}

Hinweis: Die geschweifte Klammer ist nicht mit einzugeben, stattdessen ist die Eingabe der Formel mit der Tastenkombination [Strg] + [Shift] + [Enter] abzuschließen.

Variante 2:

1. Eingabe von Werten, z. B. in die Zellen '*A1*' *bis* '*A5*'.
2. Mausklick (links) in eine freie Zelle, z. B. '*B1*'.
3. Eingabe der Formel: =MIN(A:A)

2.20.2 Den x - kleinsten Wert ermitteln

=KKLEINSTE( )

=KKLEINSTE(Bereich;Rangnummer)

Die Funktion ermittelt den x-kleinsten Wert eines Bereichs.

Beispiel: Den zweitkleinsten Wert der Spalte '*A*' anzeigen

1. Eingabe von Werten, z. B. in die Zellen '*A1*' *bis* '*A5*'.
2. Mausklick (links) in eine freie Zelle, z. B. '*B1*'.
3. Eingabe der Formel: =KKLEINSTE(A1:A10;2)

Hinweis: Der kleinste Wert ist bei Excel '0'. Jeder Wert zählt einzeln, d. h. wenn die Zahl '1' zweimal gefunden wird, ist der zweitkleinste Wert '1'.

2.20.3 Maximum

=MAX(Bereich)

Die Funktion ermittelt den größten Wert eines Bereichs.

Beispiel: Maximum der Zahlen aus der Spalte '*A*'

1. Eingabe von Werten, z. B. in die Zellen '*A1*' *bis* '*A5*'.
2. Mausklick (links) in eine freie Zelle, z. B. '*B1*'.
3. Eingabe der Formel: =MAX(A:A)

Hinweis: Die Zahlen in der Klammer sind ein Beispiel und entsprechend veränderbar. Außerdem kann der Klammerinhalt ergänzt werden. Zu beachten ist hierbei, dass alle Zahlen mit einem Semikolon voneinander zu trennen sind.

2.20.4 Den x - größten Wert ermitteln

=KGRÖSSTE( )

=KGRÖSSTE(Bereich;Rangnummer)

Die Funktion ermittelt den x-größten Wert eines Bereichs.

Beispiel: Den zweitgrößten Wert der Spalte '*A*' anzeigen

1. Eingabe von Werten, z. B. in die Zellen '*A1*' bis '*A5*'.
2. Mausklick (links) in eine freie Zelle, z. B. '*B1*'.
3. Eingabe der Formel: =KGRÖSSTE(A1:A10;2)

2.20.5 Rang

=RANG( )

=RANG(Zahl;Bezugsmatrix;Reihenfolge)

Beispiel: Rang der Zahl in der Zelle '*A1*' im Vergleich zu den anderen Zahlen der Spalte '*A*'

Variante 1:

1. Eingabe von Werten, z. B. in die Zellen '*A1*' *bis* '*A5*'.
2. Mausklick (links) in eine freie Zelle, z. B. '*B1*'.
3. Eingabe der Formel: =RANG(A1;A1:A5;1)

Hinweis: Die Sortierreihenfolge innerhalb der Formel kann wie folgt angegeben werden: 0 = Rang absteigend sortierte Liste; jeder andere Wert = aufsteigend sortierte Liste.

Variante 2:

1. Eingabe von Werten, z. B. in die Zellen '*A1*' *bis* '*A5*'.
2. Mausklick (links) in eine freie Zelle, z. B. '*B1*'.
3. Eingabe der Formel: {=SUMME(WENN(A1>=$A$1:$A$5;1))}

Hinweis: Die geschweifte Klammer ist nicht mit einzugeben, stattdessen ist die Eingabe der Formel mit der Tastenkombination [Strg] + [Shift] + [Enter] abzuschließen.

2.20.6 Quantilsrang

=QUANTILSRANG( )
=QUANTILSRANG(Bezug;Zahl der Nachkommastellen)

Mit der Funktion '*QUANTILSRANG*' kann eine prozentuale Auswertung der Rangstellung ermittelt werden.

1. Eingabe von Werten, z. B. in die Zellen '*A1*' *bis* '*A5*'.

2. Mausklick (links) in eine freie Zelle, z. B. '*B1*'.
3. In der Menüleiste auswählen: '*Start*'.
4. Mausklick (links) auf das Prozent-Symbol.
5. Eingabe der Formel: =QUANTILS-RANG(A1:A5;A1;2)

2.21 Rechnen

2.21.1 Rechnen über mehrere Tabellenblätter

1. Eingabe der zu berechnenden Werte, z. B. in Zelle '*A1*' der Tabellenblätter 1 bis 3
2. Mausklick (links) in eine freie Zelle, z. B. in Tabelle 1, Zelle '*B1*'.
3. Eingabe der Formel: *=SUMME('Tabelle1:Tabelle3'!A1)*

Erläuterung zur Formel:

Gemäß der Formel wird aus den Tabellenblättern 1, 2 und 3 der Zellinhalt 'A1' addiert.

2.21.2 Rechnen mit Zahlen in einem Text

Tipp 1: Rechnen mit Zahlen am Anfang des Textes

1. Mausklick (links) in eine freie Zelle, z. B. '*A1*'.
2. Eingabe des Ausgangswertes.
3. Mausklick (links) in eine freie Zelle, z. B. '*B1*'.
4. Eingabe des Wertes mit Textanhang.
5. Mausklick (links) in eine freie Zelle, z. B. '*C1*'.
6. Eingabe der Formel: =A1*LINKS(B1;2)%

   Beispiel: A1: 19,80 EUR | B1: 10 % Rabatt

Tipp 2: Rechnen mit Zahlen am Ende des Textes

1. Mausklick (links) in eine freie Zelle, z. B. '*A1*'.
2. Eingabe des Ausgangswertes.
3. Mausklick (links) in eine freie Zelle, z. B. '*B1*'.
4. Eingabe des Wertes mit Textanhang.
5. Mausklick (links) in eine freie Zelle, z. B. '*C1*'.
6. Eingabe der Formel: =A1+RECHTS(B1;5)

   Beispiel: A1: 19,80 EUR | B1: Zuschlag 5,00

Tipp 3: Rechnen mit Zahlen innerhalb des Textes

1. Mausklick (links) in eine freie Zelle, z. B. '*A1*'.
2. Eingabe des Ausgangswertes.
3. Mausklick (links) in eine freie Zelle, z. B. '*B1*'.
4. Eingabe des Wertes mit Textanhang.
5. Mausklick (links) in eine freie Zelle, z. B. '*C1*'.
6. Eingabe der Formel: =A1-TEIL(B1;8;3)

   Beispiel: A1: 19,80 EUR | B1: abzgl. 5,00 Rabatt

2.22 Interpolieren

Beispiel: In der Spalte '*A*' stehen drei Werte in zusammenhängenden Zellen. Für die nachfolgenden drei Zellen sollen die fehlenden Werte interpoliert werden.

1. Markieren der ersten drei Werte.
2. Mausklick (links) auf das Ausfüllkästchen unten rechts (kleines schwarzes Quadrat).

3. Linke Maustaste gedrückt halten und Markierung über die anschließenden Felder weiterziehen, in denen die interpolierten Ergebnisse stehen sollen.
4. Maustaste loslassen.

2.23 Zahlen und Formeln in Text umwandeln

1. Eingabe der umzuwandelnden Zahlen und Formeln in bspw. den Zellen '*A1:A5*'.
2. Mausklick (links) in die Zelle '*B1*'. (Falls die Spalte '*B*' nicht leer ist: Markieren der Spalte '*B*' → Mausklick (rechts) → *Zellen einfügen*).
3. Eingabe der Formel: =*TEXT(A1;"0")*
4. Mausklick (links) auf das Ausfüllkästchen an der rechten unteren Ecke der Formelzelle und mit gedrückter Maustaste soweit nach unten ziehen wie in der Spalte '*A*' umzuwandelnde Werte stehen.
5. Markieren der Spalte '*B*'.
6. Tastenkombination [Strg] + [C] drücken.
7. Mausklick (rechts) in die Zelle '*A1*'.
8. In dem sich öffnenden Kontextmenü auswählen: '*Inhalte einfügen...*' → '*Werte*'.
9. Markieren der Spalte '*B*'.
10. Taste [Entf] drücken.

2.24 Finanzmathematische Funktionen

ZW (Zukünftiger Kapitalendwert)

=ZW(Zins;Zzr;Rmz;BW;F)

- Zukünftigen Kapitalendwert, der sich am Ende der Laufzeit einschließlich Zinsen und Zinseszinsen ergibt.

BW (Barwert)

=BW(Zins;Zzr;Rmz;ZW;F)

- Gesamtbetrag einer Investition, wobei der Barwert ausgehend von den regelmäßigen Ratenzahlungen berechnet wird.

Zins (Zinssatz pro Periode)

=ZINS(Zzr;Rmz;Bw;Zw;F;Schätzwert)

- Beispiel: Zinssatz von 5% p.a., bei vierteljährlichen Zahlungen und vierteljährlicher Zinsverrechnung = 5% / 4

ZZR (Anzahl der Zahlungszeiträume)

=ZZR(Zins;Rmz;Bw;Zw;F)

- Beispiel: Monatliche Zahlung über einen Zeitraum von 3 Jahren: 3 * 12 Monate = 36.

RMZ (Regelmäßige Zahlung)

=RMZ(Zins;Zzr;Bw;Zw;F)

- Regelmäßiger Betrag, der in jeder Periode gezahlt wird.

F (Fälligkeit)

- 0 bedeutet nachschüssig (die Raten sind am Ende der Periode fällig).
- 1 bedeutet vorschüssig (die Raten sind am Anfang der Periode fällig).

Berechnungsbeispiele:

Beispiel: Berechnung des Zinssatzes, wenn 36 Monate lang 260 € für einen 20.000 € - Kredit abgezahlt werden

1. Mausklick (links) in eine freie Zelle, z. B. '*A1*'.
2. Eingabe der Formel: =ZINS(36;-260;20000)

   Ergebnis: 4 %

Beispiel: Berechnung des Guthabens, wenn 5 Jahre lang bei einem Zinssatz von 2 % monatlich 250 € gespart werden

1. Mausklick (links) in eine freie Zelle, z. B. '*A1*'.
2. Eingabe der Formel: =ZW(2%/12;5*12;-250)

   Ergebnis: 15.761,84 €

2.25 Datum & Zeit

2.25.1 Allgemeines

In Excel entspricht jedes Datum einer ganzen positiven Zahl und jede Uhrzeit einer Dezimalzahl zwischen 0 und 1. Wenn demnach einer Zelle mit einem Datum nachträglich das Zellformat *'Standard'* zugewiesen wird, wandelt Microsoft® Excel das Datum entsprechend um.

Beispiel:

- aus: 24.01.1970 | wird: 25592
- aus: 15:50 | wird: 0,659722222222222
- aus: 24.01.1970 15:50 | wird: 25592,6597222222

Standardmäßig wandelt Excel Zahlen, die als Datum interpretiert werden können, automatisch als Datum um.

Beispiel:

- aus: 24-1 | wird: 24. Jan

Zu beachten ist, dass bei Microsoft® Excel die Zeitrechnung erst am '*01.01.1900, 00:00 Uhr*' beginnt. Vor dieser Zeit liegenden Daten werden als Text interpretiert und linksbündig ausgerichtet.
Die Umwandlung kann verhindert werden, indem man der Zahlenangabe ein Apostroph voranstellt, z. B. '*24-1.*

Hinweis: Von Excel werden alle durch 100 teilbare Jahreszahlen als Schaltjahre erkannt, tatsächlich sind es allerdings nur jene, die durch 4 teilbar sind. Deshalb wird das Jahr 1900 in Excel fälschlicherweise als Schaltjahr ausgewiesen, obgleich es das Datum 29.02.1900 gar nicht gegeben hat.

2.25.2 Eingabemöglichkeiten

Tipp 1: Formate

1. Mausklick (rechts) in eine freie Zelle, z. B. '*A1*'.
2. In dem sich öffnenden Kontextmenü: Mausklick (links) auf '*Zellen formatieren...*'.
3. In dem sich öffnenden Dialogfenster: Auswählen der Registerkarte '*Zahlen*'.
4. Im Feld '*Kategorie*' Auswahl des gewünschten Eintrages:
   a. Datum
   b. Uhrzeit
   c. Benutzerdefiniert
5. Im Feld '*Typ*' Auswahl des gewünschten Formats.
6. Mausklick (links) auf die Schaltfläche '*OK*'.

Beispiel: Zeit: 25:10:20

- Format: hh:mm | Ergebnis: 01:10
- Format: [h]:mm | Ergebnis: 25:10
- Format: [m]:ss | Ergebnis: 1510:20
- Format: [m] | Ergebnis: 1510
- Format: [s] | Ergebnis: 90620
- Format: h | Ergebnis: 1
- Format: m | Ergebnis: 10
- Format: s | Ergebnis: 20

Hinweis: Die eingestellten Zellformate werden auch beim Schließen und erneutem Öffnen der Datei beibehalten. Ausnahme bildet das Format 'm', welches beim erneuten Öffnen der Datei als 'Monat' interpretiert wird.

Tipp 2: Datumseingabe über Ziffernblock

1. Mausklick (links) in eine freie Zelle, z. B. '*A1*'.
2. Eingabe des Datums, wobei statt Trennpunkt ein Minuszeichen zu verwenden ist.

Tipp 3: Datum ohne Punkt formatieren

1. Mausklick (rechts) in eine freie Zelle, z. B. '*A1*'.
2. In dem sich öffnenden Kontextmenü: Mausklick (links) auf '*Zellen formatieren…*'.
3. In dem sich öffnenden Dialogfenster: Auswählen der Registerkarte '*Zahlen*'.
4. Im Feld '*Kategorie*' Auswahl des gewünschten Eintrages: '*Benutzerdefiniert*'.
5. Im Feld '*Typ*' Eingabe des Formats TT""MMJJJJ.
6. Mausklick (links) auf die Schaltfläche '*OK*'.
7. Eingabe des Datums in die Zelle '*A1*'.

2.25.3 Datum nach Monat sortieren

Variante 1:

1. In Spalte '*A*' Eingabe der Daten, z. B. 19.10.2015.
2. In Spalte '*B*' Eingabe der Formel: =MONAT(A2) *In der Spalte 'B' wird nun der Monat ausgegeben, nach dem die Zeilen entsprechend sortiert werden können.*
3. Markieren der Spalten '*A*' und '*B*'.
4. In der Menüleiste auswählen: '*Daten*' → '*Sortieren*'.
5. Im Feld '*Sortieren nach*' Auswahl der Spalte '*B*'.

6. Mittels Mausklick (links) Auswahl der Option '*Aufsteigend*' oder '*Absteigend*'.
7. Mausklick (links) auf die Schaltfläche '*OK*'.

Variante 2:

1. In Spalte '*A*' Eingabe der Daten.
2. In die Zelle '*B1*' Eingabe der Formel: =DATUM(0;MONAT(A1);TAG(A1))
3. Kopieren der Formel in alle Zeilen von '*B*', die in der Spalte '*A*' Daten enthalten.
4. Markieren der Spalten '*A*' und '*B*'.
5. In der Menüleiste auswählen: '*Daten*' → '*Sortieren*'.
6. Im Feld '*Sortieren nach*' Auswahl der Spalte '*B*'.
7. Mittels Mausklick (links) Auswahl der Option '*Aufsteigend*' oder '*Absteigend*'.
8. Mausklick (links) auf die Schaltfläche '*OK*'.
9. Löschen der Spalte '*B*'.

2.25.4 Verknüpfungen - Datum

Tipp 1: Jahr mit 01.01. verknüpfen

Beispiel: In der einen Spalte werden die Jahre eingegeben und in der anderen Spalte wird automatisch der 01.01. ergänzt.

1. Mausklick (links) in eine freie Zelle, bspw. '*A1*'.
2. Eingabe der Jahreszahl, bspw. '*2014*'.
3. Mausklick (links) in eine freie Zelle mit dem Format '*Standard*', bspw. '*B1*'.
4. Eingabe der Formel: ="01.01."&A1

Nun braucht lediglich das Jahr in der Zelle mit der Jahresangabe verändert werden und alle anderen Daten ändern sich automatisch.

Tipp 2: Datum mit Text verknüpfen

1. Mausklick (links) in eine freie Zelle, bspw. '*A1*'.
2. Eingabe des Textes.
3. Mausklick (links) in eine freie Zelle, bspw. '*B1*'.
4. Eingabe des Datums
5. Mausklick (links) in eine Zelle, bspw. '*C1*'.
6. Eingabe der Formel:
   =A1&""&TEXT(B1;"TT.MM.JJ")

Tipp 3: Ort und Datum mit Aktualisierungsmöglichkeit

1. Mausklick (links) in eine freie Zelle, bspw. '*A1*'.
2. Eingabe des Datums.
3. Mausklick (links) in eine freie Zelle, bspw. '*B1*'.
4. Eingabe des Ortes.
5. Mausklick (links) in eine Zelle, bspw. '*C1*'.
6. Eingabe der Formel: =B1&",den"&A1

2.25.5 Addieren - Datum

<u>Tipp</u> 1: Jahre einem Datum hinzuaddieren

Variante 1: A1 (Datum) + B1 (Jahre)

1. Mausklick (links) in eine freie Zelle, z. B. '*A1*'.
2. Eingabe des Datums.
3. Mausklick (links) in eine freie Zelle, z. B. '*B1*'.
4. Eingabe der zu addierenden Jahre.
5. Mausklick (links) in eine freie Zelle, z. B. '*C1*'.
6. Eingabe der Formel: =DATUM(JAHR(A1) +B1;MONAT(A1);TAG(A1))

Variante 2: Zum aktuellen Jahr in der Zelle A1 sollen 5 Jahre hinzuaddiert werden.

1. Mausklick (links) in eine freie Zelle, z. B. '*A1*'.
2. Eingabe des Datums.
3. Mausklick (links) in eine freie Zelle, z. B. '*B1*'.
4. Eingabe der Formel: =DATUM(JAHR(A1)+5; MONAT(A1);TAG(A1))

<u>Tipp</u> 2: Monate einem Datum hinzuaddieren

<u>Beispiel</u>: A1 (DATUM) + B1 (MONATE)

1. Mausklick (links) in eine freie Zelle, z. B. '*A1*'.
2. Eingabe des Datums.
3. Mausklick (links) in eine freie Zelle, z. B. '*B1*'.
4. Eingabe der zu addierenden Monate.
5. Mausklick (links) in eine freie Zelle, z. B. '*C1*'.
6. Eingabe der Formel: =DATUM(JAHR(A1); MONAT(A1)+B1;TAG(A1))

2.25.6 Datumsdifferenz ermitteln

=DATEDIF( )

- Differenz in Jahren | Formel: =DATEDIF(Anfangsdatum;Enddatum;"y")
- Differenz in Monaten | Formel: =DATEDIF(Anfangsdatum;Enddatum;"m")
- Differenz in Tagen | Formel: =DATEDIF(Anfangsdatum;Enddatum;"d")
- Differenz in Tagen im selben Jahr | Formel: =DATEDIF(Anfangsdatum; Enddatum;"yd")
- Differenz in Monaten im selben Jahr | Formel: =DATEDIF(Anfangsdatum; Enddatum;"ym")
- Differenz in Tagen im selben Jahr und Monat | Formel: =DATEDIF(Anfangsdatum; Enddatum;"md")

Tipp 1: Datumsdifferenz in Jahren ermitteln

1. Mausklick (links) in eine freie Zelle, z. B. '*A1*'.
2. Eingabe des Anfangsdatums.
3. Mausklick (links) in eine freie Zelle, z. B. '*B1*'.
4. Eingabe des Enddatums.
5. Mausklick (links) in eine freie Zelle, z. B. '*C1*'.
6. Eingabe der Formel: =DATEDIF(A1;B1;"Y")

Nun zeigt Excel die Differenz beider Daten in Jahren an.

Tipp 2: Differenz in Monaten ermitteln, wenn Differenz < = 12 Monate

1. In der Menüleiste auswählen: '*Datei*' → '*Optionen*' → '*Erweitert*'.
2. Im Abschnitt '*Beim Berechnen der Arbeitsmappe*' mittels Mausklick (links): Deaktivieren '*1904-Datumswerte verwenden*'.
3. Mausklick (links) auf die Schaltfläche '*OK*'.
4. Mausklick (links) in eine freie Zelle, z. B. '*A1*'.
5. Eingabe des Enddatums.
6. Mausklick (links) in eine freie Zelle, z. B. '*B1*'.
7. Eingabe des Anfangsdatums.
8. Mausklick (links) in eine freie Zelle, z. B. '*C1*'.
9. Eingabe der Formel: =MONAT(A1-B1)

Tipp 3: Datumsdifferenz in Jahren, Monaten, Tagen ermitteln

1. Mausklick (links) in eine freie Zelle, z. B. '*A1*'.
2. Eingabe des Anfangsdatums.
3. Mausklick (links) in eine freie Zelle, z. B. '*B1*'.
4. Eingabe des Enddatums.
5. Mausklick (links) in eine freie Zelle, z. B. '*C1*'.
6. Eingabe der Formel: =DATEDIF(A1;B1;"y")&"Jahre,"&DATEDIF (A1;B1;"ym")&"Monate und "&DATEDIF(A1;B1;"MD")&"Tage"

2.25.7 Aktuelles Datum

Tipp 1: Aktuelles Tagesdatum eingeben

1. Mausklick (links) in eine freie Zelle, z. B. '*C1*'.
2. Eingabe der Formel: =heute( )

Tipp 2: Aktuelles Tagesdatum und Uhrzeit eingeben

1. Mausklick (links) in eine freie Zelle, z. B. '*C1*'.
2. Eingabe der Formel: =jetzt( )

Tipp 3: Zelle mit aktuellem Datum automatisch hervorheben

Mittels der Funktionalität '*Bedingte Formatierung*' ist es in Microsoft® Excel möglich, eine Zelle, die das aktuelle Datum enthält, automatisch hervorzuheben.

1. Markieren der Spalte, in der die Datumsangaben stehen.
2. In der Menüleiste auswählen:
   '*Start*' → '*Bedingte Formatierung*'.
3. Auswahl des Eintrages
   '*Regeln zum Hervorheben von Zellen*' → '*Gleich...*'.
4. Eingabe der Formel: =HEUTE()
5. Auswahl der gewünschten Formatierung.
6. Mausklick (links) auf die Schaltfläche '*OK*'.
   Damit wird das Dialogfenster der 'Bedingten Formatierung' geschlossen.

Hinweis: Es ist darauf zu achten, dass das Systemdatum korrekt eingestellt ist.

2.25.8 Quartal einem Datum zuordnen

Beispiel: In der Zelle *'A1'* steht ein Datum, von dem ausgehend das Quartal zu ermitteln ist

Variante 1:

1. Mausklick (links) in eine freie Zelle, z. B. '*A1*'.
2. Eingabe des Datums.
3. Mausklick (links) in eine freie Zelle, z. B. '*B1*'.
4. Eingabe der Formel:
   =WENN(ISTZAHL(A1);AUFRUNDEN (MONAT(A1)/3;0)&".QUARTAL";"")

Variante 2: (eignet sich zum Weiterrechnen)

1. Mausklick (links) in eine freie Zelle, z. B. '*A1*'.
2. Eingabe des Datums.
3. Mausklick (links) in eine freie Zelle, z. B. '*B1*'.
4. Eingabe der Formel:
   =AUFRUNDEN(MONAT(A1)/3;0)

Erläuterung zur Formel:

Zuerst wird der Wert des Monats berechnet, danach dieser durch 3 geteilt (da ein Quartal aus 3 Monaten besteht) und abschließend das Ergebnis auf die nächste ganze Zahl gerundet (deshalb Parameter '0').

Variante 3:

1. Mausklick (links) in eine freie Zelle, z. B. '*A1*'.
2. Eingabe des Datums.
3. Mausklick (links) in eine freie Zelle, z. B. '*B1*'.
4. Eingabe der Formel: =WENN(MONAT(A1)>9; "Quartal IV";WENN(MONAT(A1)>6; "Quartal III";WENN(MONAT(A1)>3; "Quartal II";"Quartal I")))

2.25.9 Kalenderwoche einem Datum zuordnen

<u>Beispiel</u>: Dem Datum aus der Zelle *'A1'* automatisch die Kalenderwoche zuweisen

Variante 1:

1. Mausklick (links) in eine freie Zelle, z. B. '*A1*'.
2. Eingabe des Datums.
3. Mausklick (links) in eine freie Zelle, z. B. '*B1*'.
4. Eingabe der Formel: =Kalenderwoche(A1)

Variante 2:

1. Mausklick (links) in eine freie Zelle, z. B. '*A1*'.
2. Eingabe des Datums.
3. Mausklick (links) in eine freie Zelle, z. B. '*B1*'.
4. Eingabe der Formel: =KÜRZEN((A1-WOCHENTAG(A1;2)-DATUM(JAHR(A1+4-WOCHENTAG(A1;2));1;-10))/7)&".KW"

Hinweis: Sofern mit dem Ergebnis weitergerechnet werden soll, empfiehlt sich, den Textanhang '&".KW' wegzulassen.

2.25.10 Wochentag & Wochenenden

Tipp 1: Einem Datum den Wochentag zuordnen

1. Mausklick (links) in eine freie Zelle, z. B. '*A1*'.
2. Eingabe des gewünschten Datums.
3. Mausklick (rechts) auf die Zelle mit dem eingetragenen Datum.
4. In dem sich öffnenden Kontextmenü: Mausklick (links) auf '*Zellen formatieren...*'.
5. In dem sich öffnenden Dialogfenster: Auswählen der Registerkarte '*Zahlen*'.
6. Im Feld '*Kategorie*' Auswahl des Eintrages '*Benutzerdefiniert*'.
7. Im Feld '*Typ*' Eingabe des gewünschten Formats.
8. Mausklick (links) auf die Schaltfläche '*OK*'.

Beispiel: 01.01.2014

- Format: TTT | Ergebnis: Mi
- Format: TTTT | Ergebnis: Mittwoch
- Format: TTT,TT.MM.JJ | Ergebnis: Mo,01.01.14
- Format: TT.MM.JJ | Ergebnis: 01.01.14

Tipp 2: Wochentag zu einem Tag anzeigen

Beispiel: Wochentag als Zahl anzeigen

1. In Zelle '*A1*': Eingabe eines Datums.
2. Mausklick (links) in eine freie Zelle, z. B. '*B1*'.
3. Eingabe der Formel: =WOCHENTAG(A1)

Hinweis: Achten Sie bitte darauf, dass je nach Einstellung die Woche mit Sonntag oder Montag beginnt.

Beispiel: Wochentag als Zahl, danach als Text anzeigen

1. In Zelle '*A1*': Eingabe eines Datums.
2. Mausklick (links) in eine freie Zelle, z. B. '*B1*'.
3. Eingabe der Formel: =WOCHENTAG(A1)
4. Mausklick (links) in die Zelle '*B1*'.
5. Mausklick (rechts) auf die Zelle mit dem eingetragenen Datum.
6. In dem sich öffnenden Kontextmenü: Mausklick (links) auf '*Zellen formatieren...*'.
7. In dem sich öffnenden Dialogfenster: Auswählen der Registerkarte '*Zahlen*'.
8. Im Feld '*Kategorie*' Auswahl des Eintrages '*Benutzerdefiniert*'.
9. Im Feld '*Typ*' Eingabe des Formats *TTTT*.
10. Mausklick (links) auf die Schaltfläche '*OK*'.

Beispiel: Wochentag als Text anzeigen

1. In die Zelle '*A1*': Eingabe eines Datums.
2. Mausklick (links) in eine freie Zelle, z. B. '*B1*'.
3. Eingabe der Formel: =TEXT(A1;"TTTT")

Tipp 3: Wochenenden farbig gestalten

1. Mausklick (links) in eine freie Spalte, z. B. '*A*'.
2. Eingabe der Daten.
3. Markieren der eingegebenen Daten.
4. Mausklick (rechts) auf die markierten Zellen.
5. In dem sich öffnenden Kontextmenü: Mausklick (links) auf '*Zellen formatieren...*'.

6. In dem sich öffnenden Dialogfenster: Auswählen der Registerkarte '*Zahlen*'.
7. Im Feld '*Kategorie*' Auswahl des Eintrages '*Benutzerdefiniert*'.
8. Im Feld '*Typ*' Eingabe des Formats *TTT*.
9. Mausklick (links) auf die Schaltfläche '*OK*'.
10. Mausklick (links) in die Zelle '*A1*'.
11. In der Menüleiste auswählen: '*Start*' → '*Bedingte Formatierung*'.
12. Auswahl des Eintrages '*Neue Formel...*' → '*Formel zur Ermittlung der zu formatierenden Zellen verwenden*'.
13. Eingabe der Formel: =WOCHENTAG(A1;2)>5
14. Mausklick (links) auf die Schaltfläche '*Formatieren...*'.
15. In dem sich öffnenden Dialogfenster: Auswahl der Registerkarte '*Ausfüllen*'.
16. Auswahl der gewünschten Formatierungen.
17. Mausklick (links) auf die Schaltfläche '*OK*'. *Damit wird die Registerkarte geschlossen.*
18. Mausklick (links) auf die Schaltfläche '*OK*'. *Damit wird das Dialogfenster der 'Bedingten Formatierung' geschlossen.*
19. Mausklick (links) auf die Zelle '*A1*'.
20. Mit gedrückter linker Maustaste auf das Ausfüllkästchen der Zelle (rechts unten) die Formel mit der Formatierung soweit wie nötig nach unten ziehen.

Tipp 4: Datumsreihe ohne Wochenende auflisten

1. Mausklick (links) in eine freie Spalte, z. B. '*A*'.
2. Eingabe des Datums für einen Montag.
3. Markieren der eingegebenen Daten.
4. Mausklick (rechts) auf die markierten Zellen.
5. In dem sich öffnenden Kontextmenü: Mausklick (links) auf '*Zellen formatieren...*'.
6. In dem sich öffnenden Dialogfenster: Auswählen der Registerkarte '*Zahlen*'.
7. Im Feld '*Kategorie*' Auswahl des Eintrages '*Benutzerdefiniert*'.
8. Im Feld '*Typ*' Eingabe des Formats *TTTT*.
9. Mausklick (links) auf die Schaltfläche '*OK*'.
10. Markieren so vieler nachfolgender Zellen wie ausgefüllt werden sollen.
11. In der Menüleiste auswählen: '*Start*'.
12. Mausklick (links) auf das Symbol '*Füllbereich*' → '*Reihe...*'.
13. Mittels Mausklick (links) Aktivieren der Option '*Wochentag*'.
14. Mausklick (links) auf die Schaltfläche '*OK*'.

2.25.11 Nettoarbeitstage berechnen

Mit der Funktion 'Nettoarbeitstage' ist es möglich, die Anzahl von Arbeitstagen zwischen zwei Daten zu berechnen.

Tipp 1: Berechnen von Nettoarbeitstagen (mit einer festen Formel)

1. Mausklick (links) in eine beliebige Zelle, z. B. '*A1*'.
2. Eingabe der Formel: =Nettoarbeitstage("24.01.14";"24.03.14")
3. Ändern des Formats der Ergebniszelle in '*Standard*' (sofern notwendig) wie folgt:
4. Mausklick (rechts).
5. In dem sich öffnenden Kontextmenü: Mausklick (links) auf '*Zellen formatieren...*'.
6. In dem sich öffnenden Dialogfenster: Auswählen der Registerkarte '*Standard*'.
7. Mausklick (links) auf die Schaltfläche '*OK*'.

Tipp 2: Berechnen von Nettoarbeitstagen (mit einer variablen Formel)

1. Mausklick (links) in eine beliebige Zelle, z. B. '*A1*'.
2. Eingabe des Anfangsdatums.
3. Mausklick (links) in eine beliebige Zelle, z. B. '*B1*'.
4. Eingabe des Enddatums.
5. Mausklick (links) in eine beliebige Zelle, z. B. '*C1*'.
6. Eingabe der Formel: =Nettoarbeitstage(A1;B1)
7. Ändern des Formats der Ergebniszelle in '*Standard*' (sofern notwendig) wie folgt:
8. Mausklick (rechts).
9. In dem sich öffnenden Kontextmenü: Mausklick (links) auf '*Zellen formatieren...*'.
10. In dem sich öffnenden Dialogfenster: Auswählen der Registerkarte '*Standard*'.
11. Mausklick (links) auf die Schaltfläche '*OK*'.

2.25.12 Datum berechnen

Tipp 1: Letzten Tag des Monats

1. Mausklick (links) in eine beliebige Zelle, z. B. '*A1*'.
2. Eingabe eines Datums.
3. Mausklick (links) in eine beliebige Zelle, z. B. '*B1*'.
4. Eingabe der Formel: =DATUM(JAHR(A1); MONAT(A1)+1;0)

Tipp 2: Feiertage, die sich auf Weihnachten beziehen

=DATUM(Jahr;Monat;Tag)

=WOCHENTAG(Zahl;Typ)

Beispiel: Ermitteln des Datums für den 4. Advent 2014

1. Mausklick (links) in eine beliebige Zelle, z. B. '*A1*'.
2. Eingabe der Jahreszahl.
3. Formatieren der Ergebniszelle, z. B. '*A2*' mit dem Format '*TT.MM.JJJJ*'.
4. Ändern des Formats der Ergebniszelle, z. B. '*A2*' in '*TT.MM.JJJJ*' wie folgt:
5. Mausklick (rechts).
6. In dem sich öffnenden Kontextmenü: Mausklick (links) auf '*Zellen formatieren...*'.
7. In dem sich öffnenden Dialogfenster: Auswählen der Registerkarte '*Datum*'.
8. Auswahl des gewünschten Formats.
9. Mausklick (links) auf die Schaltfläche '*OK*'.

10. Eingabe der Formel: =DATUM(A1;12;25)-WOCHENTAG(DATUM(A1;12;25);2)

Alle weiteren Tage errechnen sich ausgehend vom 4. Advent wie die Spalte mit den Formelinhalten in nachstehende Übersicht zeigt.

Weitere Beispiele:

	A	Formel in B	C
1	2014		
2	2. Weihnachtsfeiertag	=DATUM (A1;12,26)	26.12.2014
3	1. Weihnachtsfeiertag	=DATUM (A1;12,25)	25.12.2014
4	Heiligabend	=DATUM (A1;12,24)	24.12.2014
5	4. Advent	=DATUM (A1;12;25)-WOCHEN TAG (DATUM (A1;12;25);2)	21.12.2014
6	3. Advent	=B5-7	14.12.2014
7	2. Advent	=B5-14	07.12.2014
8	1. Advent	=B5-21	30.11.2014
9	Totensonntag	=B5-28	23.11.2014
10	Buß- und Bettag	=B5-32	19.11.2014
11	Volkstrauertag	=B5-35	16.11.2014

Abb. 49: Beispiel-Ergebnis

Tipp 3: Feiertage, die sich auf Ostersonntag beziehen

Mit der '*Osterformel*' kann der Ostersonntag für die Jahre 1900 bis 2078 ermittelt werden.

Auch mit Microsoft® Excel können Feiertage, die sich auf den Ostersonntag beziehen, errechnet werden. Dabei ist zu beachten, dass die Option '*1904-Datumswerte*' deaktiviert sein muss.

1. In der Menüleiste auswählen: '*Datei*' → '*Optionen*' → '*Erweitert*'.
2. Im Abschnitt '*Beim Berechnen dieser Arbeitsmappe*' mittels Mausklick (links): Deaktivieren '*1904-Datumswerte verwenden*'.
3. Mausklick (links) auf die Schaltfläche '*OK*'.

Beispiel: Ermitteln des Datums für den Ostersonntag

1. Mausklick (links) in eine beliebige Zelle, z. B. '*A1*'.
2. Eingabe der Jahreszahl.
3. Formatieren der Ergebniszelle, z. B. '*A2*' mit dem Format '*TT.MM.JJJJ*'.
4. Ändern des Formats der Ergebniszelle, z. B. '*A2*' in '*TT.MM.JJJJ*' wie folgt:
5. Mausklick (rechts).
6. In dem sich öffnenden Kontextmenü: Mausklick (links) auf '*Zellen formatieren...*'.
7. In dem sich öffnenden Dialogfenster: Auswählen der Registerkarte '*Datum*'.
8. Auswahl des gewünschten Formats.
9. Mausklick (links) auf die Schaltfläche '*OK*'.

10. Eingabe der Formel: =DM((TAG(MINUTE (A1/38)/2+55)&".4."&A1)/7;)*7-6

Alle weiteren Tage errechnen sich ausgehend vom Ostersonntag wie die Spalte mit den Formelinhalten in nachstehende Übersicht zeigt.

	A	Formel in B	C
1	2014		
2	Fronleichnam	=B7+60	19.06.2014
3	Pfingstmontag	=B7+50	09.06.2014
4	Pfingstsonntag	=B7+49	24.12.2014
5	Christi Himmelfahrt	=B7+39	29.05.2014
6	Ostermontag	=B7+1	21.04.2014
7	Ostersonntag	=DM((TAG (MINUTE (A1/38)/2+55) &".4."&A1)/7;) *7-6	20.04.2014
8	Karfreitag	=B7-2	18.04.2014
9	Aschermittwoch	=B7-46	05.03.2014
10	Fastnacht	=B7-47	04.03.2014
11	Rosenmontag	=B7-48	03.03.2014

Abb. 50: Beispiel-Ergebnis

<u>Tipp</u> 4: Beginn / Ende der Sommerzeit

Mit Microsoft® Excel können feststehende Daten, bspw. der Beginn und das Ende der Sommerzeit (stets der letzte Sonntag im März bis letzten Sonntag im Oktober) berechnet werden.

Beispiel: Beginn der Sommerzeit im Jahr 2014

1. Mausklick (links) in eine beliebige Zelle, z. B. '*A1*'.
2. Eingabe der Formel: =Datum(2014;3;31)-(Wochentag(Datum(2004;3;31))-1)

Beispiel: Ende der Sommerzeit im Jahr 2014

1. Mausklick (links) in eine beliebige Zelle, z. B. '*A1*'.
2. Eingabe der Formel: =Datum(2014;10;31)-(Wochentag(Datum(2004;10;31))-1)

Erläuterung zur Formel:

=Datum(Jahr;Monat;Tag) = letzter Tag in dem Monat =Wochentag(Datum(Jahr;Monat;Tag)
= Wochentag des Datums (hier: Sonntag = 1)

2.25.13 Berechnungen - Zeit

Folgende Angaben bilden für Rechenoperationen mit Stunden und Minuten in Excel die Grundlage:

- Tag = 1
- Stunde = 1/24 = 0,04166666 eines Tages
- Minute = 1/1.440 = 0,00069444 eines Tages

Bei der Eingabe einer Stundenzahl mit '*:*', z. B. '*17:00*', setzt Excel automatisch das Format '*hh:mm*'.

Tipp 1: Rechnen mit Sekunden

1. Mausklick (links) in eine beliebige Zelle, z. B. '*A1*'.
2. Eingabe der Uhrzeit mit dem Zahlenformat: '*hh:mm:ss*'.
3. Mausklick (links) in eine beliebige Zelle, z. B. '*B1*'.
4. Eingabe der Formel: =A1*24*60*60
5. Ändern des Formats der Ergebniszelle in '*Standard*' wie folgt:
6. Mausklick (rechts).
7. In dem sich öffnenden Kontextmenü: Mausklick (links) auf '*Zellen formatieren...*'.
8. In dem sich öffnenden Dialogfenster: Auswählen der Registerkarte '*Standard*'.
9. Mausklick (links) auf die Schaltfläche '*OK*'.

Tipp 2: Rechnen mit Hundertstel-Sekunden

1. Markieren der betreffenden Zellen.
2. Formatieren der Zellen mit dem benutzerdefinierten Format: '*mm:ss,00*' wie folgt:
3. Mausklick (rechts).
4. In dem sich öffnenden Kontextmenü: Mausklick (links) auf '*Zellen formatieren...*'.
5. In dem sich öffnenden Dialogfenster: Auswählen der Registerkarte '*Zahlen*'.
6. Im Feld '*Kategorie*' Auswahl des Eintrages '*Benutzerdefiniert*'.
7. Im Feld '*Typ*' Auswahl des Eintrages: '*mm:ss,00*' (bzw. Neueingabe, falls nicht vorhanden).

8. Mausklick (links) auf die Schaltfläche '*OK*'.

Hinweis: Da Microsoft® Excel keine Hundertstel-Sekunden kennt, muss auf das benutzerdefinierte Format zurückgegriffen werden.

Tipp 3: Rechnen mit Minuten

Beispiel:

1. Mausklick (links) in eine beliebige Zelle, z. B. '*A1*'.
2. Eingabe der Uhrzeit mit dem Zahlenformat: *hh:mm:ss*.
3. Mausklick (links) in eine beliebige Zelle, z. B. '*B1*'.
4. Eingabe der Formel: =A1*24*60
5. Ändern des Formats der Ergebniszelle in '*Standard*' wie folgt:
6. Mausklick (rechts).
7. In dem sich öffnenden Kontextmenü: Mausklick (links) auf '*Zellen formatieren...*'.
8. In dem sich öffnenden Dialogfenster: Auswählen der Registerkarte '*Standard*'.
9. Mausklick (links) auf die Schaltfläche '*OK*'.

Beispiel:

1. Mausklick (links) in eine beliebige Zelle, z. B. '*A1*'.
2. Eingabe der Uhrzeit, z. B. *09:30*
3. Mausklick (links) in eine beliebige Zelle, z. B. '*B1*'.

4. Eingabe der Formel
   = Stunde(A1)*60+Minute(A1)
5. Ändern des Formats der Ergebniszelle in '*Standard*' wie folgt:
6. Mausklick (rechts).
7. In dem sich öffnenden Kontextmenü: Mausklick (links) auf '*Zellen formatieren...*'.
8. In dem sich öffnenden Dialogfenster: Auswählen der Registerkarte '*Standard*'.
9. Mausklick (links) auf die Schaltfläche '*OK*'.

Tipp 4: Runden von Minuten

1. Mausklick (links) in eine beliebige Zelle, z. B. '*A1*'.
2. Eingabe der Uhrzeit mit dem Zahlenformat: *hh:mm:ss.*
3. Mausklick (links) in eine beliebige Zelle, z. B. '*B1*'.
4. Eingabe der Formel
   =AUFRUNDEN(A1*1440;0)/1440

Erläuterung zur Formel:

In Microsoft® Excel werden Zeiten als Bruchteile von Tagen gespeichert. Daraus folgt: 1 Minute = 1/1440 (1/24/60)

Tipp 5: Rechnen mit Stunden

Hinweis: Bei Berechnungen von Zeiten ist es besonders wichtig, auf die Richtigkeit des Formats zu achten, denn Excel muss erkennen können, dass bei 60 Minuten eine ganze Stunde erreicht ist.

Beispiel: Anzeige einer Zeit > 24 Stunden

1. Mausklick (links) in eine freie Zelle, z. B. '*A1*'.
2. Eingabe der ersten Uhrzeit.
3. Mausklick (links) in eine freie Zelle, z. B. '*B1*'.
4. Eingabe der zweiten Uhrzeit.
5. Mausklick (links) in eine freie Zelle, z. B. '*C1*'.
6. Eingabe der zu addierenden Stunden, z. B. =A1+B1
7. Markieren der Zellen '*A1*', '*B1*' und '*C1*'.
8. Mausklick (rechts).
9. In dem sich öffnenden Kontextmenü: Mausklick (links) auf '*Zellen formatieren...*'.
10. In dem sich öffnenden Dialogfenster: Auswählen der Registerkarte '*Zahlen*'.
11. Im Feld '*Kategorie*' Auswahl des Eintrages '*Benutzerdefiniert*'.
12. Im Feld '*Typ*' Auswahl des Eintrages: *[h]:mm:ss* (bzw. Neueingabe, falls nicht vorhanden).
13. Mausklick (links) auf die Schaltfläche '*OK*'.

Hinweis: Die [ ] eckigen Klammern stehen für mehr als 24 Stunden.

Beispiel: Anzeige einer Zeit < 24 Stunden

1. Mausklick (links) in eine freie Zelle, z. B. '*A1*'.
2. Eingabe der ersten Uhrzeit.
3. Mausklick (links) in eine freie Zelle, z. B. '*B1*'.
4. Eingabe der zweiten Uhrzeit.
5. Mausklick (links) in eine freie Zelle, z. B. '*C1*'.
6. Eingabe der zu addierenden Stunden, z. B. =A1+B1

7. Markieren der Zellen '*A1*', '*B1*' und '*C1*'.
8. Mausklick (rechts).
9. In dem sich öffnenden Kontextmenü: Mausklick (links) auf '*Zellen formatieren...*'.
10. In dem sich öffnenden Dialogfenster: Auswählen der Registerkarte '*Zahlen*'.
11. Im Feld '*Kategorie*' Auswahl des Eintrages '*Benutzerdefiniert*'.
12. Im Feld '*Typ*' Auswahl des Eintrages: *hh:mm:ss* (bzw. Neueingabe, falls nicht vorhanden).
13. Mausklick (links) auf die Schaltfläche '*OK*'.

2.25.14 Arbeitszeit- & Lohnberechnung

<u>Tipp</u> 1: Arbeitszeit mit Unterbrechung berechnen (z. B. 12:00 bis 12:30 Uhr)

1. Mausklick (links) in eine freie Zelle, z. B. '*A1*'.
2. Eingabe der Anfangszeit, z. B. *07:00*
3. Mausklick (links) in eine freie Zelle, z. B. '*B1*'.
4. Eingabe der Endzeit, z. B. *16:00*
5. Mausklick (links) in eine freie Zelle, z. B. '*C1*'.
6. Eingabe der Formel: =B1-A1-MAX(0;MIN(B1;12,5/24)-MAX(A1;12/24))
7. Ändern des Formats der Ergebniszelle in *[h]:mm:ss* wie folgt:
8. Mausklick (rechts).
9. In dem sich öffnenden Kontextmenü: Mausklick (links) auf '*Zellen formatieren...*'.
10. In dem sich öffnenden Dialogfenster: Auswählen der Registerkarte '*Zahlen*'.

11. Im Feld '*Kategorie*' Auswahl des Eintrages '*Benutzerdefiniert*'.
12. Im Feld '*Typ*' Auswahl des Eintrages: *[h]:mm:ss* (bzw. Neueingabe, falls nicht vorhanden).
13. Mausklick (links) auf die Schaltfläche '*OK*'.

Tipp 2: Soll-Ist-Arbeitszeiten / Minderstunden / Mehrstunden

1. Mausklick (links) in eine freie Zelle, z. B. '*A1*'.
2. Eingabe der Sollzeit.
3. Mausklick (links) in eine freie Zelle, z. B. '*B1*'.
4. Eingabe der Ist-Zeit.
5. Mausklick (links) in eine freie Zelle, z. B. '*C1*'.
6. Eingabe der Formel für die Differenz: =A1-B1
7. Mausklick (links) in eine freie Zelle, z. B. '*C2*'.
8. Eingabe der Formel für die Mehrstunden: =WENN(C1>0;(C1);0)
9. Mausklick (links) in eine freie Zelle, z. B. '*C3*'.
10. Eingabe der Formel für die Minderstunden: =WENN(C1<0;ABS(C1);0)
11. Ändern des Formats der Ergebniszellen in *[h]:mm:ss* wie folgt:
12. Mausklick (rechts).
13. In dem sich öffnenden Kontextmenü: Mausklick (links) auf '*Zellen formatieren…*'.
14. In dem sich öffnenden Dialogfenster: Auswählen der Registerkarte '*Zahlen*'.
15. Im Feld '*Kategorie*' Auswahl des Eintrages '*Benutzerdefiniert*'.
16. Im Feld '*Typ*' Auswahl des Eintrages: *[h]:mm:ss* (bzw. Neueingabe, falls nicht vorhanden).

17. Mausklick (links) auf die Schaltfläche '*OK*'.

Tipp 3: Industrieminuten (z. B. bei 4,30 Zeitstunden)

1. Mausklick (links) in eine freie Zelle, z. B. '*A1*'.
2. Eingabe der Anfangszeit im Format *hh:mm*
3. Mausklick (links) in eine freie Zelle, z. B. '*B1*'.
4. Eingabe der Endzeit im Format *hh:mm*
5. Mausklick (links) in eine freie Zelle, z. B. '*C1*'.
6. Eingabe der Formel: =B1-A1
7. Ändern des Formats in *hh:mm*
8. Mausklick (links) in eine freie Zelle, z. B. '*D1*'.
9. Eingabe der Formel: =C1*24
10. Ändern des Formats der Ergebniszelle in '*Standard*' wie folgt:
11. Mausklick (rechts).
12. In dem sich öffnenden Kontextmenü: Mausklick (links) auf '*Zellen formatieren...*'.
13. In dem sich öffnenden Dialogfenster: Auswählen der Registerkarte '*Standard*'.
14. Mausklick (links) auf die Schaltfläche '*OK*'.

Beispiel:

Beginn:	A2:		07:30
Ende:	B2:		12:00
Stundenzahl:	C2:		04:30
Formel:	D2:	=C2*24	

Ergebnis Industrieminuten (Standardformat): 4,5

Tipp 4: Stundenlohn

1. Mausklick (links) in eine freie Zelle, z. B. '*A1*'.
2. Eingabe der Stunden (Format: 00:00:00).
3. Mausklick (links) in eine freie Zelle, z. B. '*B1*'.
4. Eingabe des Stundensatzes (Format 'Zahl').
5. Mausklick (links) in eine freie Zelle, z. B. '*C1*'.
6. Eingabe der Formel: =A1*24*B1
7. Ändern des Formats der Ergebniszelle in '*Zahl*' wie folgt:
8. Mausklick (rechts).
9. In dem sich öffnenden Kontextmenü: Mausklick (links) auf '*Zellen formatieren...*'.
10. In dem sich öffnenden Dialogfenster: Auswählen der Registerkarte '*Zahl*'.
11. Mausklick (links) auf die Schaltfläche '*OK*'.

Tipp 5: Minutenlohn

1. Mausklick (links) in eine freie Zelle, z. B. '*A1*'.
2. Eingabe der Minuten (Format: 00:00:00).
3. Mausklick (links) in eine freie Zelle, z. B. '*B1*'.
4. Eingabe des Minutensatzes.
5. Mausklick (links) in freie Zelle, z. B. '*C1*'.
6. Eingabe der Formel: =A1*24*60*B1
7. Ändern des Formats der Ergebniszelle in '*Zahl*' wie folgt:
8. Mausklick (rechts).
9. In dem sich öffnenden Kontextmenü: Mausklick (links) auf '*Zellen formatieren...*'.
10. In dem sich öffnenden Dialogfenster: Auswählen der Registerkarte '*Zahl*'.
11. Mausklick (links) auf die Schaltfläche '*OK*'.

2.26 Festwerte / Zufallszahl

Bei jeder Neuberechnung werden die Tabellendaten in Excel aktualisiert, so auch jene, die über die Funktion *'Zufallszahl'* eingefügt wurden. Wenn in diesem Fall keine Aktualisierung gewünscht wird, können nachstehende Schritte unternommen werden.

Beispiel: Umwandlung von Formelergebnissen in Festwerte

1. Mausklick (links) in die betreffende Zelle.
2. Mausklick (links) in die Bearbeitungszeile.
3. Taste [F9] drücken.

2.27 Doppelte Einträge ermitteln

Beispiel: Ermitteln der doppelten Einträge aus der Spalte *'A'*

1. Eingabe der Daten in Spalte *'A'*.
2. Eingabe der Formel in *'B1'*: =WENN(VERGLEICH (A1;A:A;0)=ZEILE( );"";"doppelt")
3. Kopieren der Formel in alle Zeilen, die in der Spalte *'A'* Daten enthalten. (Achtung: Auf die Anpassung der Formel an die Zeile achten.)

Hinweis: Sofern die Spalte 'A' einen doppelten Wert enthält, wird parallel dazu in der Spalte 'B' der Text 'doppelt' ausgewiesen.

2.28 Kombinationen

Beispiel: Alle Kombinationsmöglichkeiten von 6 Zahlen aus 35

1. Mausklick (links) in eine freie Zelle, z. B. '*A1*'.
2. Eingabe der Zahl *35*.
3. Mausklick (links) in eine freie Zelle, z. B. '*A2*'.
4. Eingabe der Zahl *6*.
5. Mausklick (links) in eine freie Zelle, z. B. '*B1*'.
6. Eingabe der Formel:
   =KOMBINATIONEN(A1;A2)

   Ergebnis: 1623160

Zu den Autoren und der Buchreihe

Gerik Chirlek befasst sich seit Anfang der 90er Jahre mit der Aufbereitung von IT-nahen und rechtsrelevanten Sachverhalten. Obgleich die Tätigkeit als PC-Fachberater bereits facettenreich ist, unternimmt Gerik gelegentlich auch Ausflüge in andere Themenwelten.

Tami Chirlek ist seit den 90er Jahren als Programmierer wie auch Schulungstrainer tätig. Das Interesse, sich neuen technischen Herausforderungen zu stellen und die ausgeprägte Neugier für einen Blick über den Tellerrand sind Tamis Markenzeichen.

Die Bücher - Reihe ‚Probleme und Lösungen'

[10] Excel 2016 . Probleme und Lösungen . Band 1

- Dateifunktionen
- Editierfunktionen
- Formate & Formatierungen

[11] Excel 2016 . Probleme und Lösungen . Band 2

- Datenbanken, Diagramme
- Schutz & Sicherheit
- Kommunikation mit Anwendungen
- Sonstiges

[12] Excel 2016 . Probleme und Lösungen . Band 3

- Formeln und Funktionen